Pour lui,
ma vie valait
huit millions

Pour lui, ma vie valait huit millions

Julie Derouette

avec Pierre Pernez

City

Témoignage

ISBN : 978-2-8246-0738-2
Code Hachette : 73 8749 2

Collection dirigée par Christian English et Frédéric Thibaud
Catalogues et manuscrits : city-editions.com

Dépôt légal : Mai 2018

À Kathlyn.

Préface

C'était au dernier procès, à l'avant-veille du verdict, à l'heure des plaidoiries des avocats défendant les parties civiles. Julie, comme tous les jours, était assise au premier rang, face au box de verre où ruminait l'accusé. L'avocate de Julie, Caty Richard, s'est levée pour évoquer une dernière fois devant les jurés, après six longues années de procédure, cette cliente si particulière et si attachante : « Vous avez vu, elle a mis une jupe rose. Pour une cour d'assises, c'est un peu flash, mais elle m'a dit que c'était pour me faire plaisir, elle sait que j'aime le rose, pour me remercier de l'avoir défendue pendant toutes ces années… Elle est comme ça, Julie. » Elle est comme ça, en effet. Grièvement blessée, et miraculeusement vivante après son agression au Maroc, elle n'a jamais voulu endosser l'habit conventionnel de la victime. Elle est restée telle qu'elle a toujours été, rigolote, expansive, névrosée à souhait et belle comme un cœur. Et dérangeante donc.

Car il est certain que nous nous faisons une idée précise de la manière dont doit se tenir la victime d'une tentative de meurtre : toute habillée de noir sans doute, une larme au bord des yeux, un mouchoir dans la main droite peut-être, et un maquillage discret. Tout l'inverse de Julie. Ce refus de se plier aux codes de la victime lui a sans doute joué des tours.

Car il me faut vous prévenir. L'histoire dans laquelle vous allez entrer est, au sens littéral du terme, incroyable. Et je dois confesser que moi-même, bien qu'en ayant vu des vertes et des pas mûres en matière criminelle, j'ai eu du mal à la croire entièrement. Je le lui ai dit d'ailleurs, au soir de sa déposition qui avait duré huit longues heures, à la barre de la cour d'assises : « Julie, j'ai eu du mal à te croire. » Je savais qu'elle ne m'en voudrait pas, parce que nous nous aimons bien. Et d'ailleurs elle ne s'en est pas offusquée, puisque c'est son lot depuis le début de cette affaire, et que ça lui a valu de se faire traîner dans la boue du début à la fin de ce dossier. En écrivant cela, je ne dis pas que Julie a menti, *loin de là.* Je dis seulement que Julie, embarquée dans une affaire incroyable, s'est retrouvée dans la position terrible de devoir raconter une histoire que tout le monde aurait d'un bout à l'autre du mal à accréditer.

Comment, par exemple, cette fille intelligente a-t-elle pu gober qu'il fallait souscrire pour six millions et demi d'assurances décès au profit de Leulmi pour décrocher un visa pour l'Algérie ? Car Julie sait, comme chacun d'entre nous, que la signature d'une assurance décès n'a jamais été un critère déterminant dans l'octroi d'un visa, ni en Algérie ni ailleurs. Et pourtant elle l'a fait, et s'est trouvée condamnée à en faire le récit pendant six longues années, devant des gendarmes, des juges d'instruction et des journalistes souvent perplexes. Tout comme elle a écrit, de sa propre main, sous la dictée de Jamel dit-elle, des lettres que l'accusé a toutes conservées, et qui la font passer pour une érotomane vengeresse.

Au moment où s'achève, par deux condamnations successives à trente années de réclusion criminelle, le parcours judiciaire de l'affaire Leulmi, je ressens, comme tous ceux qui se sont approché un peu près de ce dossier, une frustration terrible : je ne sais pas, et nul n'a été en mesure de nous dire vraiment, comment Julie, et avant elle Kathlyn, et après elle Karine, se sont trouvées embobinées au point de perdre tout sens commun, d'avaler « des parpaings » comme a pu le dire le président de la cour d'assises d'appel.

De loin en loin, on a évoqué une emprise, et une manipulation mentale, sans aller au-delà, sans en décrire le mécanisme. Sur ce plan-là, il me semble que la Justice n'est pas allée au bout de son travail. Mais le pouvait-elle ? Car on touche là au plus grand mystère de l'humanité, qui est la raison pour laquelle des êtres s'aiment et se déchirent, s'obéissent et se désobéissent, entrent en fusion, et le lendemain en guerre. Je le regrette pour Julie, pour ses formidables parents, pour ses deux adorables filles qui ont grandi avec cette histoire et qui n'avaient rien demandé, pour Brigitte la maman de Kathlyn, et pour la bouleversante

Karine, qui avaient le droit de comprendre pourquoi on les avait fait toutes les trois passer pour des cinglées, alors même qu'elles étaient juste tombées amoureuses, légitimement amoureuses, amoureuses jusqu'à l'aveuglement.

Christophe Hondelatte

Prologue

Regardez-moi : un grand sourire comme symbole du bonheur. Toujours disponible pour aider et soutenir les autres. Marrante, battante, optimiste, insouciante. Je porte un masque montrant une belle image. Pourtant, la réalité est bien différente. Intérieurement, je suis morte.

Je n'arrive plus à me projeter. Je me lasse très vite. Je n'ai confiance en personne au point de devenir trop exigeante et méfiante. Je me sens livide, triste et sans le moindre souffle de vie. Exsangue. À jamais figée dans ma souffrance. Sais-je encore aimer ?

Malgré tout je continue d'avancer. Je garde à l'esprit que je suis une miraculée pour ne pas tomber. Je pense à Kathlyn pour laquelle il n'y a pas eu de miracle. Et qui est morte, assassinée par un monstre. C'est pour sa vie sacrifiée, pour celle de sa famille, saccagée et meurtrie, que je dois me battre. Car mon tortionnaire, qui est aussi le sien, sortira un jour de prison. Il vivra sa vie pleinement, fera sauter ses enfants sur ses genoux.

Ce livre est aussi pour mes parents, dont l'amour sans faille me porte. Pardon pour toutes les nuits et tous les jours d'inquiétude. Merci d'être les parents que chaque enfant rêve d'avoir.

Ce livre est enfin pour mes filles, afin que jamais elles ne soient victimes d'un tel homme. Pour que mes princesses deviennent fortes, bien plus que je ne le serai jamais, moi qui suis trop sensible, trop naïve, j'ai décidé de tout dire, sans omettre le moindre détail.

C'est pourtant avant tout pour mettre un terme à ma douleur en la gerbant sur papier blanc que j'ai commencé à noircir les pages. Pour que jamais plus la faiblesse ne me cloue le bec quand mon cœur veut hurler. Pour ne plus être cette femme trompée, battue, humiliée, trahie qu'il a voulu faire de moi.

Pour comprendre, en définitive, comment il a pu me faire tenir le premier rôle de cette histoire qu'il écrivait à mon insu : l'histoire où ma vie valait huit millions.

Préambule

L'« accident »

20 décembre 2009

Une grande ligne droite sans éclairage… Une route déserte. Je roule tranquillement en suivant la voiture de Jamel comme il me l'a demandé. Il fait nuit, j'ai horreur de conduire à la lueur des phares et je ne suis pas vraiment rassurée. Un rond-point, puis un autre…

Soudain, je perds sa voiture de vue. Je continue de rouler, mais je ne suis pas tranquille. Quelque chose cloche. Malgré l'air doux qui pénètre par ma fenêtre entrouverte, je sens l'angoisse monter. C'est irrationnel.

Peut-être qu'il a fait le tour du rond-point pour blaguer.

Mais même cela ne m'apaise pas. Je jette un coup d'œil dans le rétroviseur. S'il avait voulu me faire une farce, il devrait me suivre maintenant. Mais je n'aperçois la lueur d'aucun phare.

Je tremble et ne peux retenir mes larmes. Pour contenir la peur qui me saisit d'un coup, je hurle comme une dingue dans la voiture :

— Jamel, Jamel, Jamel… T'es où ?

Les secondes passent comme des heures sur cette route toujours déserte.

Soudain, quelque chose vient percuter ma voiture par l'arrière. Je suis projetée en avant, comme si j'étais dans une auto-tamponneuse. Un deuxième choc, puis un troisième… Encore et encore. Tétanisée par la frayeur, je n'ai pas tout de suite l'idée d'appuyer sur l'accélérateur. D'autant qu'au même moment, j'entends un bruit sourd provenant du coffre de la voiture. Une voix qui appelle au secours. *Quelqu'un est enfermé dans mon coffre !*

Brusquement, mon véhicule quitte la route.

Ça y est, c'est fini. Je vais mourir.

1

Je m'appelle Julie

Le 10 octobre 1983, à la maternité de Saint-Cloud, vers 9 heures, ma mère me met au monde, non sans mal. Elle a voulu accoucher dans cette maternité, car, à cette époque, il y était pratiqué des techniques permettant d'accoucher sans douleur. Malheureusement, le médecin annonce que l'accouchement ne se passera pas comme prévu puisque je dois naître par césarienne. Quoi qu'il en soit, ma naissance plonge mes parents dans une profonde joie.

Ils sont aimants, attentionnés et généreux. Mon papa est cheminot et ma mère, assistante maternelle. Très rapidement, une petite fille, Émilie, est placée par les services de protection de l'enfance dans notre famille. Mes parents nous élèvent sans faire de différence. À la maison, j'ai donc un grand frère, une grande sœur et la petite Émilie à laquelle je m'attache beaucoup. Bientôt, celle-ci retourne vivre avec sa maman. À cette époque, je ne comprenais pas, j'étais encore trop petite pour ça et son départ m'attriste énormément…

Aujourd'hui encore, je me souviens avec émotion de cette jolie poupée métisse. Ensuite, c'est Marie-Esther, une petite Haïtienne de deux ans, qui est entrée dans nos vies. La couleur chocolat de sa peau m'intriguait et m'émerveillait à la fois. Nous sommes rapidement devenues complices. C'était ma petite sœur de cœur et elle était à croquer. Je me souviens qu'on jouait beaucoup ensemble, j'adorais l'embêter. Puis une autre petite fille, Eiden, venue du Zaïre, est venue agrandir notre jolie famille. Ce fut ensuite le tour de Sofia, une toute petite fille mi-marocaine mi-algérienne. Elle avait neuf mois le jour où nous l'avons recueillie. Ézéchiel et Elliot sont arrivés ensuite, il y a quelques années seulement. Une belle et grande famille aux neuf drapeaux – pour les voisins, nous sommes d'ailleurs « la famille Benetton » !

J'ai encore, au fond de la mémoire, de tendres souvenirs de réveillons en famille… C'étaient des moments magiques. Maman exigeait toujours un vrai et grand sapin mesurant deux mètres cinquante. Dans mon souvenir, l'arbre, décoré de boules magnifiques et de guirlandes scintillantes, occupait presque tout l'appartement. Mais, c'était une tradition et il était hors de question de passer un Noël sans un énorme sapin.

J'étais curieuse de tout et mes parents n'ont mis aucune borne à mes envies de découvertes. Je me suis essayée à de nombreux sports en club : la danse, le patinage artistique, la gym, l'équitation… et même la boxe ! J'adorais aussi chanter, tout en sachant pertinemment que je ne deviendrais jamais une diva.

Je n'ai pas encore vingt ans quand je rencontre l'amour de ma vie. Un mot, un regard, et mon cœur a fondu en le serrant contre moi… Mais la vie en rose ne s'impose pas longtemps. Il fait partie d'une communauté de gens du voyage et sa mère ne m'accepte pas. Je ne suis pas des leurs. Très vite, ce rejet engendre des conflits. Notre foyer vibre sous les cris, les pleurs et les coups. De cette union d'amour et de larmes naît pourtant un enfant : une très belle petite fille qui nous comble de joie.

Notre merveilleuse princesse, toujours souriante. Nous voulons tout lui montrer, nous l'emmenons partout : au parc Disney, au parc Astérix, à la piscine, au zoo… C'est une période magnifique, qui dure jusqu'aux cinq printemps de notre poupée. Car, même si notre couple se déchirait, on s'aimait.

Nous décidons cependant de nous séparer fin 2007. On se disait, comme tout le monde, que mieux valait un papa et une maman séparés que deux parents qui se déchirent. Aujourd'hui, je n'en suis pas si sûre.

En partant, il me laisse un cadeau pour le moins inattendu. Une nuit, alors que je travaille en service pédiatrique, je me sens faible. Ma collègue me propose un bilan sanguin pour mettre en évidence un manque de fer. Le résultat de l'examen est sans appel : je suis enceinte de trois mois !

Mais comment est-ce possible ?

Après une échographie, le gynécologue m'annonce que l'enfant va bien. Pourtant, je sens que quelque chose ne va pas.

Oh, tu dois te faire des idées !

Cette angoisse réapparaît sans cesse... Je ressens un mal profond... C'est inexplicable, mais ce sentiment ne cesse de me hanter, jusqu'à devenir une certitude : mon bébé souffre. Ce n'est qu'après la dernière échographie que le médecin m'annonce sur un ton sourd, presque inaudible :

— Julie, ton bébé à un souci. Il souffre d'une malformation du cœur très grave.

Je suis sous le choc. La foudre s'est abattue sur moi. Je ne peux plus bouger. Même la souffrance semble avoir soudain reflué. Seules les larmes, qui ne cessent de couler sur mes joues, me prouvent que je suis encore vivante. Le médecin pose ses lunettes sur le bureau et met sa main sur la mienne.

— Je crois qu'il vaut mieux avorter. D'autant que cette malformation s'accompagne presque systématiquement d'une trisomie lourde, la 22.

L'enfant qui vit en moi doit mourir ?

Il n'en est pas question. À plus de sept mois de grossesse, je décide d'effectuer une amniocentèse pour vérifier que l'enfant n'a pas de trisomie. Les résultats sont rassurants. Alors, au-delà de la douleur et de la tristesse, je décide de laisser grandir mon enfant. Après une grossesse très difficile, mon bébé voit le jour. C'est une jolie petite fille dont les premières semaines de vie se passent presque exclusivement à l'hôpital. Je l'accompagne pour chaque examen : scanners, radios, IRM, scintigraphie... À quelques mois de vie, elle subit avec courage deux très lourdes opérations à cœur ouvert.

Lorsque nous rentrons à la maison après la seconde opération, je défais doucement ses petits vêtements. Les prises de sang, les perfusions, les transfusions, les opérations ont laissé de multiples traces sur son corps. Elle n'a que sept mois, et déjà une multitude de cicatrices. Je sais que la maladie de ma fille ne sera pas guérissable et que les années à venir seront compliquées.

D'autant que, lasse des conflits, des violences et des larmes, j'ai décidé de couper les liens avec le père de mes deux filles. Certes, mes parents sont là pour m'aider et me soutenir. Mais mon homme est sorti de ma vie – de *nos* vies. Lorsque je couche ma toute petite fille dans son berceau, l'angoisse m'étreint : aurai-je la force, seule, de faire face ?

2

Coco Island

Octobre 2009

J'ai gardé d'excellentes relations avec mon ancien voisin, Mark, devenu rapidement un grand ami, et même mon confident. Sa fille a à peu près le même âge que mon aînée, six ans.

Ce mercredi matin, lorsque je me réveille, la pluie tombe sans discontinuer. La perspective d'une longue journée enfermée dans l'appartement avec mes deux filles ne m'enchante pas. Et si je proposais à Mark d'emmener nos enfants dans cette nouvelle aire de jeux que j'ai repérée, *Coco Island* ?

Mark est enchanté par l'idée et nous nous retrouvons en début d'après-midi. Il y a beaucoup de monde, mais les enfants semblent vraiment s'amuser. Mark et moi sommes tranquillement installés à une table et discutons de choses et d'autres. L'après-midi se déroule en douceur. Vers seize heures, ma petite fille, âgée de quatorze mois commence à s'agiter dans sa poussette.

Je lui prépare son biberon, me dirige vers le bar où je compte demander à la jeune serveuse qui nous a servi à boire une heure plus tôt de bien vouloir le réchauffer. Je n'ai pas encore ouvert la bouche pour poser ma question que je sens une main se poser sur mon épaule très délicatement. Je me retourne et tombe nez à nez avec un mec très bronzé, bodybuildé, au crâne rasé, à la petite barbe bien entretenue. Avec un sourire de lover, il s'empare du biberon :

— Donnez, je vais vous le chauffer !

— Non, c'est bon, merci ! On s'occupe de moi, fais-je en désignant la serveuse avec le menton.

Je n'ai pas lâché le biberon.

— Ne vous inquiétez pas. Je suis le patron, je m'en occupe.

Je le laisse prendre le biberon en disant :

— Il faut qu'il soit à peine chaud sinon elle ne pourra pas le boire.

— Faites-moi confiance. J'ai l'habitude, me répond-il avec un clin d'œil.

Pendant que le biberon chauffe, il m'interroge :

— Comment trouvez-vous le parc ?

Je suis étonnée par sa question, mais lui réponds avec franchise :

— Honnêtement, je le trouve beaucoup trop petit. Payer dix euros l'entrée alors qu'il est deux fois plus petit que celui auquel nous avons l'habitude d'aller, je trouve ça excessif. En plus, ici, on n'offre pas de sucrerie aux enfants.

Je reprends le biberon et ajoute en haussant les épaules :

— Merci pour tout. Mais je ne pense pas revenir.

Je m'empresse de retourner à ma place. Je m'assois en face de Mark, qui me regarde en souriant. Il n'a rien manqué de la scène. Je visse la tétine, prends ma fille sur les genoux et lui donne à manger. Elle boit goulûment en faisant entendre des petits bruits de succion satisfaits. Mark rigole.

— Pourquoi tu te marres ?

— Le mec à qui tu as confié le biberon… Il ne te lâche pas des yeux. Et en plus, il n'est pas discret.

Je ris avec Mark.

— Tu me connais ? Tu crois que ce genre de mec m'attire ?

— Justement, c'est pour ça que je rigole : je sais qu'il n'aboutira à rien.

Un peu plus tard, alors que je m'apprête à abandonner Mark pour aller changer la couche de mon bébé, je tombe de nouveau sur le type. Un cornet de pop-corn dans une main et des crêpes dans l'autre, il se dirigeait manifestement vers notre table. Il m'adresse un sourire étincelant :

— Voilà, comme ça, j'espère que tes filles voudront bien revenir chez moi !

Il pose le pop-corn, les crêpes et même une boisson sur la table :

— Cadeau de la maison !

Je laisse Mark le remercier et file aux toilettes, ma fille dans les bras.

Lorsque je sors des toilettes, quelqu'un est justement en train de tirer la porte que je poussais pour sortir. Mon bébé sur un bras, la couche dans l'autre main, je m'aperçois que c'est lui.

— Encore un point négatif : pas de poubelle pour les couches, lui dis-je.

Il me regarde sans rien dire. Il prend la couche et me glisse dans la main un petit Post-it jaune plié en deux. Je le déplie, surprise. À l'intérieur est inscrit un numéro de téléphone.

— C'est quoi ?

— C'est mon numéro.

— Laisse tomber, tu veux ? Tu n'as pas vu que je suis accompagnée ?

— Peut-être, mais il n'est pas ton mari, sinon tu porterais une alliance. Et vu qu'il est blond aux yeux bleus, ce n'est pas non plus le père de tes filles.

Il tient toujours la poignée de la porte. Je fais mine de sortir, mais il est en travers de mon passage.

— Tu ne sais rien de moi !

— Justement, c'est pour ça que je te donne mon numéro. Tu m'intrigues et je veux tout savoir de toi.

— Oublie ça. Tu ne m'intéresses pas du tout.

Il me sourit de nouveau. Il sourit même avec les yeux.

— Voyons, détends-toi ! Ne sois pas comme ça sur la défensive. Appelle-moi !

Je ne réponds rien. Il insiste :

— Écoute, si tu m'appelles, je te fais entrer gratuitement au parc à chaque fois.

Je lève les yeux au ciel :

— Je n'ai pas besoin de toi, merci.

Enfin il s'écarte, me libérant le passage. Je suis si soulagée que je ne dis rien quand il me pose de nouveau une main sur l'épaule.

— Allez, viens, je te fais visiter !

Il me dirige à travers les attractions en commentant :

— Prochainement, il va y avoir des soirées spéciales de dix-neuf heures à minuit avec garderie. Les parents pourront laisser leurs enfants et profiter d'une soirée en amoureux.

Je trouve cette idée formidable et m'empresse de lui dire :

— L'idée est géniale ! Mais je ne sais pas si j'aurais confiance… Laisser comme ça mes enfants à des inconnus…

— T'inquiète, c'est ma sœur qui va s'occuper de la garderie.

Je le regarde d'un air étonné. Pourquoi le fait qu'il s'agisse de sa sœur, que je ne connais pas plus que lui, devrait-il m'inspirer confiance ? Mais avant que j'aie eu le temps d'ouvrir la bouche, il me met son portable sous le nez, sur lequel il fait défiler des photos de gamins.

— Regarde, ce sont mes neveux et nièces. Et là, les enfants de mes cousins…

— Oui, et alors ?

Sa réponse me prend au dépourvu :

— Alors ? Je vois dans ton regard que tu as beaucoup souffert. Je veux te redonner le sourire. À toi et à tes filles.

Je ne dis rien. Que répondre ? Il a raison bien sûr, mais je ne veux pas partager quoi que ce soit avec ce parfait inconnu. Je cherche Mark des yeux, mais il n'est plus à notre table. Sans doute est-il allé rejoindre les filles. *De toute façon, il n'est pas parti loin : Mark se déplace en fauteuil roulant.* Mon regard n'a pas échappé à mon interlocuteur, qui change aussitôt de stratégie.

— Tiens, ça te dirait, un petit resto ? Si tu acceptes un restaurant avec moi, j'offre des pass annuels à tes filles.

Son plan drague est pathétique.

— Et le patron ? Il va être d'accord ?

— Je te l'ai dit. C'est moi, le patron.

— Mais bien sûr ! Tu n'as même pas de badge…

— Depuis quand le patron porte-t-il un badge ? Les badges, c'est pour les employés.

Je le plante là et retourne à ma table où Mark me rejoint. Nous rions tous deux de cette histoire, d'autant que mon ami me répète que « le mec » n'arrête pas de me regarder. Apparemment, depuis l'étage où il se trouve, il garde les yeux fixés sur moi. Mais je m'en fiche complètement ! En plus, de là où je suis, je ne peux pas le voir. Je lui tourne le dos, et ne cherche pas une seule fois à croiser son regard. Quand même, cette histoire nous amuse bien.

L'heure du départ arrive. Mark est garé juste devant l'entrée du parc. Avec les filles, nous lui disons au revoir et nous dirigeons vers le second parking, un peu plus loin. Je détache ma fille de la poussette pour l'installer dans son siège-auto. Mais j'ai à peine retiré le harnais de la poussette qu'elle se met debout et part à toutes jambes vers un type. « Le mec. »

Qu'est-ce qu'il fait là ?

Sans hésiter, il prend la petite dans les bras et me la tend en me disant :

— C'est une vraie poupée.

Je le remercie et attache mon bébé dans son siège.

— Bon, tu reviendras j'espère ?

— Je verrai, lui dis-je d'un ton nonchalant.

Il insiste :

— Si tu reviens, ça sera gratuit. Par contre, je ne veux pas que tu fasses une mauvaise pub au parc... Tu sais, il vient tout juste d'ouvrir.

— Je ne suis pas comme ça.

— Merci !

Il s'approche pour me faire la bise et me lance :

— Moi c'est Jamel. Et toi ?

— Tu le sauras si je t'appelle... Au revoir !

Je claque la portière de ma voiture et démarre aussitôt.

Une semaine passe.

À la maison, ma grande fille ne cesse d'insister pour retourner à *Coco Island.* Depuis le mercredi précédent, elle me répète :

— Le monsieur des crêpes et des pop-corn, il est trop gentil !

La veille, elle m'a même lancé :

— Maman, il pourrait devenir ton amoureux, non ?

Je suis d'abord restée sans voix – *Eh bien ! Moi qui culpabilise de ne pas avoir d'homme dans ma vie qui puisse jouer le rôle de figure paternelle auprès de mes enfants* – avant de partir d'un grand éclat de rire.

— Comme ça, tu joues à la marieuse, toi ! Tu n'es pas un peu jeune ?

Pourtant j'ai gardé le Post-it. Je l'ai même collé sur la porte du frigo.

Le mardi soir, après avoir pas mal tergiversé, je l'appelle. À peine ai-je le temps de dire « allô » que j'entends :

— Ah ! enfin ! Je commençais à croire que tu ne m'appellerais jamais. Moi, c'est Jamel, et toi ?

Il a reconnu ma voix directement.

— Moi, c'est Julie. Mes filles insistent pour venir à ton parc cet après-midi, comme il pleut... Est-ce que tu y seras ?

— Bien sûr.

— Super ! Je viens après le déjeuner.

J'envoie un texto à Mark :

Ça te dit de retourner à Coco Island cet am ?
Les filles n'attendent que ça !

Ah dslé. Cet am je suis pris.
Une autre fois !

Mince ! J'aurais dû réfléchir avant. Maintenant, Jamel va penser que je viens pour lui. Alors que j'y vais juste pour faire plaisir à mes filles. Et aussi parce que j'aurais tort de me priver d'une sortie gratuite.

Quand nous sommes arrivées, je fais sonner son téléphone comme prévu. Il sort de l'établissement pour me rejoindre et me tend deux billets de vingt euros.

— Qu'est-ce que tu veux que je fasse de ça ?

— J'ai une course à faire. Vas-y, paye l'entrée, et avec le reste, tu pourras manger et te rafraîchir. Je reviens d'ici trente à quarante minutes.

J'ai du mal à comprendre son raisonnement.

— Mais pourquoi me donnes-tu de l'argent si c'est toi le patron ?

— Pour éviter que mes employés connaissent ma vie.

J'insiste :

— Je ne comprends pas ! De toute façon, si elles nous voient ensemble, elles sauront bien que…

Il s'éloigne déjà :

— Je t'expliquerai. Rentre, j'arrive !

Bizarre.

Je chasse mon malaise. *Après tout, puisque c'est lui qui offre…* Je rentre, paye les entrées, achète des crêpes, du pop-corn et une boisson avec l'argent qu'il m'a donné.

Je m'assois à la même table que l'autre jour. Mes deux filles s'amusent déjà comme des folles.

J'attends. Je sors mon téléphone, au cas où il essaierait de me joindre. Au bout d'une demi-heure, je suis toujours toute seule à ma table. J'ai mangé tout le pop-corn. Je vérifie l'heure toutes les cinq minutes sur mon portable. Trois heures passent, toujours pas de nouvelle de Jamel. Je décide de partir, les petites commencent à être fatiguées. Je lui envoie quand même un texto :

> Je ne sais pas où tu es, je vais décoller avec les filles, car elles sont fatiguées.

Aucune réaction. Deuxième texto :

> Nous partons.

Alors que je suis penchée sur ma petite fille pour l'attacher dans son siège, quelqu'un passe délicatement sa main dans mes cheveux. Je me retourne brusquement.

Jamel.

— Mais où vas-tu ma princesse ?

— Je ne suis pas ta princesse. Et je t'ai envoyé un message. Tu n'as pas répondu, maintenant je rentre chez moi.

— Attends-moi deux minutes, je vais t'expliquer. Je dois juste récupérer quelque chose à *Coco Island.* Je reviens et je te suis.

Il me sourit et rentre dans son établissement.

Je monte en voiture, passe la première et quitte le parking. *Pas question qu'il sache où j'habite.*

Le lendemain matin, mon téléphone sonne.

C'est le numéro de Jamel.

Je devrais le blacklister. Pourtant, je décroche.

— Tu es chez toi ?

— Oui. Ma grande est à l'école et mon bébé dort.

— Tu as pris ton petit déjeuner ?

Non. En fait, je suis à peine réveillée. Je n'ai pas bien dormi, comme d'habitude, et je me suis recouchée après avoir déposé ma grande à l'école.

— …

— J'arrive avec les croissants.

— C'est gentil, mais non ! En plus, je suis encore en pyjama.

— J'ai un truc pour ton bébé.

— Non.

Il insiste tellement que je finis par céder.

— Mais on fait comment ? Tu n'as pas mon adresse.

— Ne t'inquiète pas.

Sans réfléchir plus avant, je lui réponds simplement :

— Bon… OK !

Je me précipite dans la salle de bains afin de me rafraîchir. Pas question de me montrer dans cet état à Jamel, ni à qui que ce soit d'ailleurs. Et puis, je ne voudrais pas qu'il s'imagine des choses en me voyant en pyjama.

Trente minutes plus tard, le voilà avec les croissants et un sachet de bonbons pour mon bébé. Ça tombe bien, ma petite est réveillée. Elle lui tombe aussitôt dans les bras et s'empresse de dévorer les bonbons. Elle qui est plutôt sauvage d'habitude, elle lui fait même un gros câlin. Je souris tout en les regardant. Jamel est aux anges. Malgré tout, une question me brûle les lèvres :

— Comment as-tu découvert où j'habite ?

— Pour être franc, hier, je t'ai suivie après avoir quitté *Coco*.

Mon sang ne fait qu'un tour :

— Je ne suis pas d'accord avec le fait que tu me suives à mon insu.

Il fait le geste de me calmer, les deux mains en avant, paumes dirigées vers le bas.

— Je voulais savoir si tu habitais seule ou avec leur père. C'est tout !

— Ma vie privée ne te regarde pas.

— Excuse-moi, je ne voulais en aucun cas t'offenser, me dit-il tout en me faisant des yeux doux.

Je ne dis rien.

À partir de ce matin-là, il vient tous les jours. Parfois, il reste très tard dans la nuit, et on discute jusqu'au petit matin. Lorsque je lui demande pourquoi il reste si tard, il me dit :

— Mais je me sens enfin bien. Je suis content de voir une famille comme la tienne.

Il arrive aussi qu'il sonne chez moi à cinq heures du matin.

— Mais pourquoi viens-tu si tôt ?

— C'est que tu es magnifique sans maquillage... J'aime te voir au naturel. Tu es si différente de toutes celles que j'ai connues...

Au bout de quelques semaines, je suis sous le charme. Il passe tous les jours, mais je ne sais jamais à quelle heure. Et quand je lui demande à quelle heure il pense venir, il reste évasif. Si jamais, en fin d'après-midi, il n'est toujours pas là, je commence à me ronger les ongles. Et puis soudain, le voilà qui arrive, et tout s'éclaire. En plus, il a toujours une petite attention pour mes filles.

En un mois, toutes les trois, on est devenues complètement accros.

3

La course-poursuite

Cela fait déjà plus d'un mois que l'on flirte. Un soir, nous discutons simplement, assis l'un à côté de l'autre sur le canapé. Je lui parle de moi. De mes filles aussi : je suis intarissable sur le sujet, et il semble prendre beaucoup d'intérêt à toutes les anecdotes que je lui raconte. Lorsque je me tais, il m'interroge :

— Parle-moi encore de toi.

Soudain, je me tourne vers lui et tente de l'embrasser. Il me repousse :

— Julie… Non, je ne peux pas…

— Comment ça ?

Il hésite. Baisse les yeux.

— C'est que… Je ne peux plus aimer.

— Pourquoi dis-tu ça ? Et pourquoi viens-tu tous les jours ici ? Et pourquoi nous offres-tu des cadeaux ?

— Je sais que tu as souffert, Julie, et je veux simplement te rendre heureuse.

Je souris, je suis touchée par ce qu'il vient de dire.

Nous reprenons notre conversation. Je raconte encore. Mon enfance. Mon adolescence. Le père de mes enfants. Je parle, mais lui ne dévoile rien.

L'heure du départ arrive et, sur le pas de ma porte, il me vole un baiser. Il met son index sur sa bouche et murmure :

— Je t'aime !

Je suis un peu interdite. *N'est-ce pas contradictoire étant donné ce qu'il vient de me dire ?* Malgré tout, je suis touchée.

Il pose un doigt sur ses lèvres :

— Chut !

La nuit suivante, j'ai du mal à trouver le sommeil.

Demain, je lui dirai que finalement ça serait mieux de rester amis. Surtout que mes filles l'adorent...

Le lendemain, dès le matin, il est là. J'ouvre la porte, prête à lui faire part de mes réflexions de la nuit. Mais il me prend dans ses bras immenses et me serre très fort en me disant :

— Tu m'as trop manqué !

Il ajoute aussitôt, l'air soudain sérieux :

— Il faut que je te parle.

On s'assoit sur le canapé. Mais son portable sonne. Il décroche, ne dit que quelques mots, d'une voix à peine audible. J'entends seulement : « J'arrive. »

Il raccroche et me dit :

— Je reviens, il faut que je file à *Coco*, mes deux gogols d'employés ont encore fait une connerie avec l'ordi.

Aussitôt il se lève et s'en va.

En fin d'après-midi, toujours sans nouvelles de Jamel, je récupère ma grande à l'école et passe la déposer chez mes parents : elle dort souvent chez eux les veilles d'école, pour éviter que j'aie à sortir sa petite sœur qui doit être le moins possible au contact du froid et du vent en raison de son état de santé. Autant dire que l'hiver, ma grande fille vit à moitié chez ses grands-parents.

Sur le chemin du retour, alors que j'attends à un feu rouge, une Fiat blanche se met à mon niveau sur la file d'à côté et une femme me fait signe d'ouvrir ma fenêtre. J'obtempère.

— C'est toi Julie ?

— Oui, pourquoi ? T'es qui ?

— Je suis la cousine de la femme de ton ex et on va te défoncer.

Elles sont trois nanas dans la voiture. Moi, je suis seule avec mon bébé.

C'est quoi ce délire ?

J'avais appris que le père de mes filles avait rencontré une autre femme, mais n'avais pas cherché à en savoir davantage. *Que me veulent ces trois furies ?* Je passe la première et démarre à toute vitesse dès que le feu passe au vert. La Fiat me colle. Dans mon rétroviseur, je vois les trois dingues qui me hurlent des insultes. Dans ma panique, je n'ai qu'un réflexe : maman ! J'appelle ma mère tout en conduisant comme une folle.

— Julie ! Je suis en voiture avec ta sœur. Surtout ne t'arrête pas, on arrive !

Je roule toujours, prenant n'importe quelle direction. Je prends même un rond-point en sens inverse. La Fiat en profite pour me doubler et piler devant moi. Je freine mais ne m'arrête pas. Un coup sec de volant vers la gauche : je les ai doublées ! Au rond-point suivant, elles disparaissent.

Quelques secondes après, ma mère et ma sœur arrivent. Je pleure, je tremble et leur raconte la scène, dont elles n'ont rien vu.

— On va porter plainte ! s'écrie ma mère.

— Je n'ai pas de plaque... Je ne sais même qui elles sont !

Ma mère et ma sœur me réconfortent, et je reprends doucement mes esprits. Toutes deux m'escortent jusque chez moi et repartent. Je suis encore choquée. Ma première idée est de téléphoner à Jamel. J'ai besoin de lui ; besoin qu'il me serre dans ses bras et qu'il me protège... Qu'il nous protège ! Je tombe directement son répondeur alors je lui laisse un message en lui expliquant ce que je viens de vivre, ma voix est affolée et agitée.

Il ne me rappelle pas mais arrive un quart d'heure plus tard. Aussitôt je me sens mieux. Pourtant, il est très en colère. Je pense que c'est à cause de cette histoire, qu'il va vouloir retrouver ces trois filles. Mais il me lance :

— Je ne veux pas que tu me laisses de messages !

Je le regarde, bouche bée. Il ajoute :

— Il n'y a pas que moi qui utilise mon portable.

Mais avant que je cherche à en savoir davantage, il reprend doucement :

— Ton message m'a retourné le cœur. Explique-moi !

Je ne cherche pas plus à comprendre. On s'assoit côte à côte sur le canapé et je lui raconte tout. Je pleure tandis qu'il essuie mes larmes. Je me sens bien, en sécurité. Je voudrais que ce moment dure toujours.

Mais Jamel est très remonté. Il se dresse soudain sur ses jambes et s'approche de moi, la main à plat, qu'il dirige vers ma nuque :

— Regarde, ça. Si jamais ton ex essaie de te toucher : tu tapes comme ça de toutes tes forces sur sa nuque. Tu lui casses la première vertèbre. Et là, il meurt sur le coup.

Je ne sais pas trop s'il dit ça pour me rassurer ou s'il parle sous le coup de la colère. *Et s'il était sérieux ?*

— Mais tu es dingue ! Je ne veux pas qu'il meure. Juste qu'il me laisse tranquille.

Jamel me sourit :

— Tout ça, c'est du passé. Je vais faire de ta vie et de celle de tes filles un conte de fées.

Il ajoute en m'embrassant :

— Lui, bientôt, il n'existera plus…

Le lendemain, Jamel arrive en début de soirée. Les filles sautent de joie à sa vue.

— Écoutez, toutes les trois : je veux vous voir sourire. Parce que vous allez me rendre heureux chaque fois que vous sourirez.

Il fait le tour de notre petit appartement, les filles sur les talons. C'est vite fait, notre T2 est vraiment riquiqui.

— J'ai un plan pour vous, les filles. J'ai plusieurs appartements en location. Ici, c'est franchement trop petit. Un de mes locataires vient de me donner son préavis. Ça vous dirait, un T4 ?

Je réfléchis à toute vitesse. *Évidemment, on est à l'étroit ici. Quatre pièces ? Une chambre pour chacune ? Mais comment payer un tel loyer ?*

Il se tourne vers moi :

— Par contre, si tu acceptes, ça sera à une seule condition : que je prenne tout à mes frais. Le loyer et les charges.

Qu'est-ce que c'est que cette histoire ?

— Je ne sais pas, lui dis-je. Si on se dispute, je vais me retrouver dehors.

Il rigole. Insiste.

Mais je refuse tout net : après tout, on n'est pas si mal ici. Je tiens tout de même à mon petit appartement. Et surtout à mon indépendance.

Une fois les filles couchées, je reviens à la charge.

— Tu es le patron du parc ou tu es rentier ? Il faudrait savoir…

— Pourquoi ? Qu'est-ce que ça change ?

— Arrête un peu s'il te plaît. Quel est ton vrai métier ?

Il sort son téléphone de sa poche en même temps qu'il me dit :

— Je suis le boss de *Coco Island*, comme tu sais. Mais ce qui me rapporte le plus, c'est le *free fight*.

— Le *free*... quoi ?

J'ai l'impression d'être complètement stupide.

Jamel me montre alors des vidéos sur YouTube, où l'on voit des combats qui se déroulent dans une cage. Les combattants se battent comme des chiens. Je suis très choquée. Il m'explique que tous les coups sont permis. On est même autorisé à tuer son adversaire. Bien évidemment, en France, cette discipline est illégale. Mais ça rapporte gros.

— C'est pour ça que je voyage beaucoup. Je suis un champion.

Il me montre des photos de lui, portant des tee-shirts à son effigie. On l'y voit avec la ceinture de champion sur laquelle sont inscrits son prénom et celui de son adversaire. Il m'explique qu'il s'entraîne énormément. Je suis abasourdie. Je le bombarde de questions.

À chacune de mes questions, il apporte une réponse.

4

Une demande en mariage

Un soir de décembre, nous regardons en DVD un spectacle de Gad Elmaleh qui est un artiste que j'admire et que j'imite tout le temps. D'ailleurs, Jamel aime que je le fasse rire. Il me dit qu'il n'a jamais connu une nana aussi dingue et qui pratique autant l'autodérision. Il dit qu'il aime que je ne vive pas pour et par le regard des autres. Il dit aussi qu'il est fou de mon caractère de « feu ». Il a dit tellement de choses…

Je lui raconte alors que j'ai beaucoup souffert avec le père de mes filles ; que mon bébé a failli mourir à plusieurs reprises. Je lui parle de la scintigraphie que ma petite fille doit bientôt subir. Je ne lui cache rien, pas même le stress qui monte en moi à mesure que la date approche.

Mais je ne veux pas qu'il pense que je me plains. Alors je lui dis, parce que je le crois, que je suis blindée moralement ; que celui qui souhaite me faire du mal, il faudra qu'il se lève tôt.

Ça le fait réagir :

— Je veux enlever cette carapace ; je veux tout savoir et qu'on soit heureux.

Il change d'attitude et poursuit :

— Mais comment fais-tu pour être si forte ? Comment tu as fait pour surmonter tout ça ?

— Dieu m'a beaucoup aidée. Il m'a donné des parents en or…

Jamel fond en larmes… Je suis très surprise. Comment réagir ? Il n'arrive plus à parler. Il suffoque, a du mal à respirer et me serre puissamment dans ses bras.

— Je ne veux pas te perdre ! me dit-il entre deux sanglots.

— Quoi ? Pourquoi me dis-tu ça ?

— J'ai peur, très peur.

— Pourquoi as-tu peur ? De quoi ? De qui ?

— Peur de te perdre ! Voilà, je vais t'expliquer. J'avais pris la décision de ne plus aimer, mais à force de te voir, de te connaître, de voir tes filles… j'ai craqué.

Je m'abandonne dans ses bras. Ou est-ce lui qui s'abandonne dans les miens ? Il poursuit :

— En novembre 2006, je me suis marié et j'étais heureux…

Aussitôt, je m'écarte. Je l'interromps sur un ton énervé :

— Quoi ? Tu es marié ? Sors de chez moi. Immédiatement !

— Assieds-toi et écoute-moi ! C'est déjà dur pour moi de te dire ça, tu es la première à qui j'en parle depuis… plus de deux ans. Écoute…

Je bous intérieurement.

Encore un connard qui trompe sa femme !

Il reprend :

— Un soir de janvier 2007, ma femme a voulu faire une promenade à vélo. Je roulais tranquillement derrière elle, quand soudain, une voiture a surgi de nulle part et l'a percutée… Le chauffard a pris la fuite. J'ai jeté mon vélo pour la secourir, mais elle est décédée quelques secondes après dans mes bras.

Je suis pétrifiée par son récit. Jamel continue :

— Elle était enceinte de six mois.

Mon sang se glace et je fonds en larmes. Je le prends dans mes bras en lui murmurant entre deux sanglots :

— Maintenant, elle est au paradis… c'est un ange !

Je le berce contre moi et lui murmure :

— Je ferai tout pour te rendre heureux. Laisse-la s'envoler et ouvre-moi ton cœur.

Il sourit à travers ses larmes :

— Ça y est, tu l'as, mon cœur.

Puis il ajoute, après un long silence :

— Promets-moi ! Promets-moi !

— Quoi donc ? Dis-moi d'abord et je verrai.

— Promets-moi de ne jamais faire de vélo.

Je trouve cette réaction si enfantine et si attendrissante que je souris.

— Petite, je faisais du patinage artistique et cela m'a bousillé les rotules. Aujourd'hui, je ne peux plus faire de vélo.

Il sourit et chuchote :

— Je t'aime !

***

Notre amour naissant doit rester secret. Jamel ne veut pas que cela se sache.

Jamel est très discret.

Lorsqu'il apporte des cadeaux à mes filles, il me demande de les leur donner de ma part à moi. Coupant court à toute question, il explique :

— Comme ça, elles ne s'attacheront pas à moi pour les cadeaux.

— Ce sont des petites filles d'un et six ans qui grandissent sans papa… Évidemment qu'elles t'aimeront.

Comme je suis catholique et lui musulman, il s'imagine que nos familles vont forcément s'opposer à cette relation. Pour ma part, j'ai déjà parlé de notre histoire avec ma mère, mais aussi au parrain de ma fille et à une amie. Tout le monde se réjouit pour moi. Je suis heureuse de la situation, pourtant, le fait qu'elle doive rester secrète commence à m'agacer. C'est difficile pour moi qui suis très tactile et câline, car en public, je ne peux même pas lui prendre la main.

Pourquoi se cacher ? Je reviens à la charge :

— Ma famille se fiche bien de savoir qui j'aime du moment que je suis heureuse et que mes filles le sont aussi. Mes parents élèvent des enfants de la DDASS depuis mon plus jeune âge. Ils ont d'ailleurs adopté l'un d'entre eux. Alors tu penses bien qu'ils ne sont pas du genre à céder à tous les préjugés.

— Dans ma famille à moi, ça ne fonctionne pas pareil. Tu ne seras jamais acceptée, me dit-il.

Un soir, Jamel m'annonce :

— On va partir quelques jours.

— Non, je ne peux pas. Je ne laisserai pas mes filles. Et puis financièrement, c'est juste impossible en ce moment. En plus, Noël approche !

Il me ferme la bouche d'un baiser :

— Je ne te demande pas ton avis ! On va partir quelques jours et quand on reviendra, ton ex ne te fera plus chier.

Il ajoute sur un ton léger :

— Si tu veux devenir ma femme, il faut que tu m'écoutes.

Je me mets à rire :

— Quoi, c'est une demande en mariage ? Ça ne fait même pas un mois que nous sommes ensemble, on n'a pas encore « consommé », et tu veux déjà m'épouser ? Avant de me marier, il faut que je réfléchisse.

J'ai peur d'avoir été un peu brutale. Je lui prends la main et ajoute :

— Mais ça me touche.

Sur son téléphone portable, il me montre une vidéo d'une superbe maison avec une splendide piscine.

— C'est la mienne, elle se trouve à Tipaza.

Je le regarde d'un air ahuri et répète en gloussant :

— Tipa... quoi ?

Il rigole.

— Tipaza, c'est en Algérie et c'est là que je vais t'emmener pour que tu te reposes quelques jours.

Tu en as bien besoin. On en profitera pour demander le consentement de mes grands-parents pour notre mariage.

— Whaou ! Parce que toi, tu es sûr que je veux t'épouser ?

— Oui, pourquoi, pas toi ?

Très sûre de moi, je réponds :

— Jamel, depuis que je te connais, je suis en train de vivre un véritable conte de fées. Mais je veux me marier qu'une fois. Et je veux aussi me marier devant Dieu.

— On fera deux mariages : un « rebeu » et un « français ».

— Oui, c'est cool ça... je ne pensais pas qu'on pouvait faire ça !

— C'est la magie des mariages mixtes.

5

Des assurances décès pour un visa fantôme

On se remet sur l'ordinateur, je suis assise sur ses genoux. J'ai l'impression d'être sur un nuage quand soudain, il me dit d'un air désespéré :

— Ah, merde !

— Qu'est-ce qu'il y a ?

— On ne pourra pas aller en Algérie !

Je suis intriguée :

— Pourquoi ?

— Parce que je suppose que tu n'as pas de visa. Et il faut un visa pour aller en Algérie.

— C'est quoi un visa ?

— C'est un papier délivré par la préfecture pour te faire entrer dans le pays.

— Et alors ? Je peux aller chercher ce truc à la préfecture.

— Ce n'est pas si simple. Il faut que je te fasse un dossier, vu que je suis originaire d'Algérie, mais il te faut surtout une AID.

Je ne comprends rien. Ça a l'air compliqué en tout cas.

— Une quoi ?

— Une AID. C'est une assurance pour te protéger.

Je me marre à sa blague. Je lui ai déjà raconté comment j'ai été hospitalisée une semaine pour intoxication alimentaire au retour d'un voyage en Égypte que j'avais fait avec le père de mes filles. Chez moi, tout le monde me surnommait « Pierre Richard », tellement j'incarnais la gaffeuse invétérée.

Il reprend :

— Tu comprends, s'il t'arrive quoi que ce soit pendant le voyage et que tu n'as pas cette assurance-là, tu ne seras pas couverte.

— Oui, mais AID ça veut dire quoi ?

— Assurance invalidité-décès.

Je change de couleur :

— Quoi ??? Invalidité décès ?

Il me rassure :

— Oui, ça s'appelle comme ça, c'est plus court que de dire assurance Pierre Richard !

Je ris avec lui :

— Bon, on fait comment ?

Il pianote sur mon ordinateur, imprime des pages. Malheureusement, l'imprimante fait défaut : plus d'encre.

— Je reviens, me dit-il.

Une heure après, le voilà de retour avec un contrat en main et une cartouche neuve afin d'imprimer le reste des contrats.

— Mais… C'est quoi toutes ces feuilles ?

— Bah… Des formulaires… Ne t'en fais pas, je m'occupe de tout.

Il me présente des pages à parapher, d'autres à signer. Je soupire :

— Tout ça ?

— Oui… Il en faut des papiers, pour souscrire une assurance de huit millions.

Pour moi, ce ne sont que des chiffres. Je ne réalise pas quelle valeur cela représente. Et puis je l'écoute à peine, tellement je suis excitée à la perspective de ce voyage.

Le lendemain, il me tend deux chèques de 1 500 euros chacun en m'expliquant :

— Il faut d'abord que tu ouvres un compte à la même banque que moi.

— Mais pourquoi 3 000 euros ? Tu es fou ?

— Cette somme servira à payer les assurances pendant deux mois. Ne t'inquiète pas, on résiliera dès notre retour.

— Mais je vais leur dire quoi, à la banque ? Genre, j'arrive, je veux poser deux chèques de 1 500 euros. N'oublie pas que je ne bosse pas !

Jamel me tend un papier et me dit :

— Voilà, déjà, signe ça !

— C'est quoi ?

— C'est un contrat. Bien, tu es maintenant cogérante à *Coco Island*, où tu seras payée environ 3 000 euros par mois.

— Tu déconnes ?

— Non, quand on sera mariés, tu bosseras avec moi.

Je suis bouche bée. Il me taquine :

— Comme ça, ma femme sera toujours là pour me faire des bisous !

Il reprend la liasse de papiers et me montre quelques lignes :

— Par contre, tu devras dire aux assurances que tu bosses avec ton fiancé et qu'on veut ouvrir un *Coco Island* au Brésil ; que tu as peur de l'avion et que c'est pour ça que tu veux les assurances.

— Bah non, pourquoi ? Je leur dirai que c'est pour le visa et pour le voyage.

Il ne répond rien. Me toise de haut en bas et lance soudain :

— OK. Je me casse !

Et il s'en va en claquant la porte, me laissant seule, dans une incompréhension totale.

Pourquoi réagit-il comme ça ? Qu'est-ce que j'ai fait ?

Je tente de l'appeler, mais tombe directement sur son répondeur.

Le lendemain, à six heures du matin, on sonne à mon interphone. Je sursaute dans mon lit. Ma petite se réveille en pleurant. Je décroche, c'est Jamel.

— Ouvre-moi, mon bébé, me dit-il.

Encore dans le coltard, je ne cherche pas à en savoir plus et ouvre. J'ai à peine le temps d'entrebâiller la porte de mon appartement qu'il est déjà là.

En entrant, il entend ma fille pleurer.

— Laisse ! me fait-il avant que j'aie eu le temps de la sortir de son petit lit.

Il la prend dans ses bras et elle se calme instantanément. Je prépare un biberon tandis qu'il propose :

— Donne, je vais le lui faire prendre.

Non mais qu'est-ce qu'il croit ? Il ne va pas m'amadouer comme ça !

La colère monte en moi. Je le toise.

— Tu veux quoi ? Tu crois que tu peux débarquer ici quand tu veux ? Je t'appelle, tu ne réponds pas. Hier, tu m'envoies chier et tu me réveilles à six heures du matin la bouche en cœur. Si tu crois que tu vas me dresser à ton image, tu rêves bien la vie !

Il baisse les yeux.

— Je m'excuse ma femme, j'étais énervé. Les filles à *Coco Island* me gavent. Tu verras ça dès que tu seras à *Coco* avec moi... Mais bon, ce sont des bonnes femmes ; elles sont jalouses de toi.

— Jalouses ? Mais puisque personne ne sait qu'on est ensemble !

— Non, mais... je parle beaucoup de toi et des filles. Elles ne sont pas bêtes...

— Et alors, ce sont tes employées, non ? Qu'est-ce qu'elles ont à dire ? Rien... Si ça te soûle autant que ça, vire-les !

— Je ne peux pas, elles ont besoin d'un taf.

— Alors, arrête de parler de moi ! Parle-moi plutôt de toi. Ton attitude d'hier, était-ce normal ?

Il regarde ma fille tout en lui donnant son biberon. La petite boit avec avidité. Nous nous taisons tous les deux. On n'entend plus que les bruits de déglutition que fait la petite en avalant son lait, et la tension retombe. Puis Jamel lève les yeux vers moi :

— Non, je suis un sale con. J'ai pété un câble. C'est juste que... tu dois mentir aux assurances parce que sinon, on n'aura pas les contrats. Crois-moi.

— Écoute, j'ai des défauts, un sale caractère, mais je ne mens pas.

— Oui, mais là, c'est juste un contrat. Ce n'est pas ta vie qui est en jeu, non plus... C'est bidon ! C'est juste le temps du voyage. On résilie tout à notre retour.

— Non, non, non !

Il se lève. En deux enjambées, il est près de la porte, la main sur la poignée.

— Alors, c'est que tu ne m'aimes pas.

— Jamel, attends !

La discussion se poursuit. Il parlemente, me bombarde d'arguments et de formules et au bout d'une heure harassante, je me laisse convaincre... Puis, tout s'enchaîne.

***

Me voilà à la recherche d'un contrat d'assurance décès.

Un jour, une commerciale en assurances vient me rendre visite. Nous discutons ; nous rigolons, elle me complimente même sur les photos de mes filles. Elle est surprise de la décoration de mon logement qui lui rappelle le monde de Disney. Elle me fait également remarquer qu'elle trouve étrange qu'il n'y ait aucune photo de Jamel et moi. Pour examiner mon dossier d'assurance, elle me questionne énormément sur l'histoire du Brésil. J'argumente, mais je vois bien qu'elle n'y croit pas vraiment. Malgré tout, au fur et à mesure de la discussion, elle finit par valider le dossier en me disant :

— Souscrire à un contrat d'assurance décès de huit millions d'euros, ça ne sera pas possible.

Elle me propose un contrat avec plafond maximum, doublé en cas de décès accidentel, une clause que Jamel m'avait expressément demandé de ne surtout pas oublier. Le soir, je remplis le dossier, Jamel à côté de moi. Il m'explique comment faire. Je vois une case où il est écrit « décès ». Soudain, ce mot me fait peur :

— Mais pourquoi « décès » ? C'est quoi ?

— Ce n'est rien, c'est une formalité, laisse tomber !

Je suis en possession d'un premier contrat. Mais ce n'est pas suffisant, alors je me mets à courir tous les assureurs. J'obtiens un certain nombre de rendez-vous, auxquels Jamel me conduit. Mais pendant les entretiens, il patiente toujours dans la voiture, prétextant à chaque fois un appel urgent. Les entrevues se passent bien ; l'histoire du projet de parc au Brésil et ma pseudo-phobie de l'avion passent, malgré l'étonnement de certains.

Ils ne sont pas trop regardants et ne cherchent pas à démêler le vrai du faux.

Je n'ai pas besoin de fournir le contrat d'embauche que Jamel m'a donné, ni même de justifier mes ressources.

En revanche, les assurances exigent des examens médicaux importants : prises de sang, test d'effort, etc. Il faut aussi que je prenne rendez-vous chez un médecin généraliste afin qu'il remplisse un dossier médical ; et ce pour chaque contrat. Les assureurs m'ont précisé que ces examens pouvaient être effectués par mon médecin traitant. Mais lorsque j'en parle à Jamel, il me soutient le contraire :

— Bien sûr que non, le dossier serait refusé si tu le fais remplir par un médecin que tu connais. Le médecin doit être impartial.

— Mais les assurances n'en sauront rien !

Son dernier argument manque l'emporter :

— Tu veux vraiment que ton médecin sache tout de ta vie privée ? Non, tu vois : il faut que tu ailles chez un médecin que tu ne connais pas.

La vérité, bien sûr, c'est qu'il m'encourage à raconter n'importe quoi au médecin qui remplit le dossier afin que j'obtienne le contrat. Mais je n'en fais qu'à ma tête, simplement parce que je veux avoir un rendez-vous au plus vite. Je vais donc voir mon médecin généraliste, qui remplit le questionnaire médical sans me poser aucune autre question.

Un jour, en sortant d'une des agences d'assurances, j'aperçois Jamel sur le trottoir. Je ne lui avais pourtant pas dit que j'avais rendez-vous.

Je suis tellement fière d'avoir obtenu tous les accords que je m'empresse de courir vers lui. Quand j'arrive à sa hauteur, je m'écrie :

— Mais qu'est-ce que tu fais là ?

— Je voulais te faire une surprise, je t'ai suivie.

Je souris, je trouve sa démarche tellement mignonne. Il me fait un bisou sur le front et me demande :

— Ça y est mon bébé, tout est fait ?

— Oui, mon amour ! Tu vois, je suis vaillante, on a tout fait en une semaine. Tu es fier de moi ?

Il plante ses yeux dans les miens :

— Toi, tu es un diamant. Mon diamant…

Ce n'est pas la première fois qu'il m'appelle comme ça.

Il me prend par le bras :

— Viens, je t'invite au restaurant. On va fêter ça…

On se pose dans un restaurant chinois. Jamel me dit alors :

— Je t'aime plus que tout !

Je serre sa main sans répondre. Une question me trotte dans la tête :

— As-tu fait pareil avec ta femme ?

— Quoi, l'inviter au restaurant ?

— Ne fais pas l'idiot, tu sais très bien de quoi je parle. Les assurances. Tu en as fait souscrire aussi à ta femme ?

Il semble choqué par ma question.

— Écoute, elle est morte, je ne veux plus en parler. Ne me parle plus jamais de Kathlyn, d'accord ? Je ne peux pas supporter d'y penser.

— Elle s'appelait comme ça ?

— Oui, mais je ne veux plus en parler.

— OK, je m'excuse…

Il enchaîne :

— Ne sois pas jalouse, tu es bien mieux qu'elle. Tu m'as donné deux filles que je veux adopter. Elles ont besoin d'un vrai père. Je les ai aimées au premier regard… Et puis, on aura d'autres enfants si tu le souhaites.

Je me laisse bercer par ses paroles.

En tout, je signe six contrats. Cependant, deux d'entre eux n'aboutissent pas et sont refusés. Je m'en moque : pour moi, tout cela n'est que de la paperasse.

Son piège est en train de se refermer doucement.

6

Ma vie de princesse

— Tu as déjà vu le film *Léon* ?

— Non, c'est quoi ?

— Je te l'apporterai et tu le regarderas. Léon, c'est moi, me dit-il en jouant le mec baraqué et en rigolant.

Le lendemain, il revient avec le film et on le regarde ensemble. À la fin, je lui donne un coup de coude :

— Toi, Léon ? Laisse-moi rire !

— Si. Je suis un tueur à gages. Je tue des gens qui doivent de grosses sommes d'argent au poker.

— Mais oui, et moi je suis une petite fille cachée de la reine Elizabeth…

Il continue :

— Je donne leurs corps à manger aux cochons et ce qu'ils ne mangent pas, je le mets dans un baril d'acide. Parce que les dents et les cheveux, les cochons ne les mangent pas.

Je me mets à rire et lui aussi, puis nous passons à autre chose.

— Tu sais, quand je t'ai vu chez *Coco*, je t'ai trouvé relou et collant. Tu n'étais pas du tout mon type d'homme… Tu parais tellement soucieux de ton apparence… C'est quelque chose qui ne m'attire pas du tout chez un homme.

Et pourtant, cet homme qui ne m'attirait pas du tout au départ commence à avoir une telle emprise sur moi que j'ai arrêté de manger du porc et d'en donner à manger à mes filles. Pour lui plaire.

Je réfléchis à voix haute :

— Mais en apprenant à te connaître, à te voir si gentil avec les filles, j'ai craqué… Mais je me demande : pourquoi moi ? Pourquoi un mec comme toi s'intéresserait-il à moi ? Je n'ai pas d'argent, pas de boulot. En plus, j'ai deux enfants à charge dont une petite malade et énormément de galères… J'habite dans une résidence pourrie, j'ai un ex-compagnon relou alors… Et pourtant, plus les jours passent, plus tu es gentil avec moi. Et maintenant j'ai peur de te perdre. Je ne pourrais pas le supporter.

Il me regarde. Je poursuis avec émotion :

— Moi, tout ce que je désire, c'est fonder une famille, donner un père de cœur à mes filles.

Jamel, qui m'a écoutée très attentivement, me dit :

— Maintenant, je veux que tu te reposes sur moi ; je serai toujours là. Autant pour toi que pour elles. D'ailleurs, pour te le prouver, je te laisse ma carte bancaire. Voilà le code : 7883. Je viens de le changer en pensant à nous… Tu t'en souviendras facilement : ce sont nos années de naissance à tous les deux. Tu vois, je ne me contente pas te dire que je t'aime, je te le prouve.

Whaooouuu.

Son portable sonne. Il répond ; écoute sans dire un mot puis raccroche.

— Je dois aller à *Coco*, me dit-il sur un ton énervé. Elles font chier ces deux connasses, elles sont bonnes à rien. Je reviens !

Je descends avec lui puisque c'est l'heure de la fin des classes. Je remarque qu'il a encore une nouvelle voiture :

— Mais combien as-tu de voitures ? À chaque fois que je te vois, tu as toujours une bagnole différente.

Tout en rigolant, il me dit :

— C'est pour ne pas être repéré !

En ouvrant la portière, il fait tomber un badge de pointage avec une photo d'une femme. Il la ramasse rapidement :

— T'inquiète, c'est ma pote !

— Qui ça ? C'est quoi ? Attends !

Mais il est déjà parti.

À vingt heures, il est de retour. Je lui ouvre en faisant la gueule.

— Toi, t'es vénère, qu'est-ce que tu as ? me demande-t-il en m'embrassant.

— C'est qui la nana de la photo ? Réponds.

— Oh là ! On se calme. Et puis, ne commence pas à jouer ta jalouse, tu vas très vite m'énerver !

Son ton est sec. Mais je ne me laisse pas impressionner.

— Attention à ce que tu vas me dire !

Il retire sa veste, s'assoit sur le canapé et me fait signe de venir sur ses genoux. Je reste devant lui, les bras croisés. Sans se démonter, il explique :

— Elle s'appelle Céline, c'était la meilleure amie de Kathlyn... une amie d'enfance. Et depuis le décès de Kathlyn, je l'héberge chez moi. Tu comprends, elle a fait plusieurs tentatives de suicide. Et j'ai juré sur la tombe de Kathlyn de veiller sur elle.

Je suis interloquée. Je ne m'attendais pas du tout à ça. Et j'ai l'impression, une fois encore, de m'être montrée trop méfiante. Je balbutie :

— Mais, comment va-t-on faire ? Je veux dire, puisqu'on a prévu de vivre ensemble... Comment elle va faire, elle ? Qu'est-ce qu'elle va devenir ?

Il balaie mon objection d'un revers de main :

— Écoute, avec *Coco Island*, je me fais des fortunes. Elle gardera ma maison.

Il enchaîne :

— Céline m'a beaucoup soutenu quand Kathlyn est morte. Aujourd'hui, je l'aide à mon tour. C'est d'ailleurs pour ça que je ne te réponds jamais la nuit. Si elle apprend ton existence, j'ai peur qu'elle recommence.

— Et lorsque nous vivrons ensemble ?

— Ne t'en fais pas, je vais l'amener tout doucement à accepter que tu fais partie de ma vie. Elle veut mon bonheur, donc elle sera heureuse pour moi, et heureuse de te connaître. Et de ton côté, tu vas l'adorer, c'est sûr. Mais là, c'est encore trop tôt.

J'hésite. Je ne veux pas me montrer suspicieuse et jalouse. *Et pourtant...*

— Bon, on en reparlera. Je dois avouer que ta pote suicidaire, je ne suis pas fan…

— Accepte-la pour moi. Si tu m'aimes, tu dois l'accepter.

Le lendemain, il arrive à l'improviste, comme toujours, et me dit gaiement :

— Habille la petite, on s'en va !

— Où ça ?

— Tu verras. Allez, hop !

Je monte avec ma petite dans la voiture et nous partons. Quelques minutes plus tard, nous pénétrons dans une grande zone commerciale et il se gare devant *ToysRUs*.

— On achète les cadeaux de Noël, me dit Jamel, tout fier.

— Ah, non ! Tu ne vas pas recommencer.

— Dans quelques semaines, tu seras ma femme, donc je peux bien vous offrir quelques cadeaux… allez, va chercher un caddie, je prends la petite.

Je m'exécute.

Ce n'est pas possible. Je vis un rêve… et je n'ai pas envie de me réveiller. Pourvu que je ne me réveille pas.

Jamel m'a offert quelques jours plus tôt un superbe sac Louis Vuitton. Je n'ai aucune idée du prix d'un tel objet, mais ça doit valoir une blinde. Il est en train de me métamorphoser en princesse. J'adore ça.

On déambule dans les rayons, il veut tout acheter. Je suis obligée de calmer un peu ses ardeurs, mais me laisse quand même aller. Je choisis des jouets que je rêve d'offrir depuis longtemps à mes filles, en particulier de splendides robes de princesses avec tous les accessoires. Et une maison de poupée trop mignonne. En imaginant les yeux qu'elles vont faire lorsqu'elles ouvriront leurs cadeaux, je ris toute seule de plaisir.

Nous passons en caisse. Aïe, aïe, aïe, la note est salée : environ trois cents euros.

— C'est trop, lui dis-je, un peu honteuse. Attends, on va laisser la maison de poupée.

Il m'empêche de la retirer du tapis roulant et se met à rire :

— Si tu savais, c'est une poussière pour moi. Et puis, bientôt, elles seront officiellement mes deux filles. Alors laisse-moi les gâter comme je veux !

***

Plusieurs jours passent. La relation entre Jamel et moi est au beau fixe.

Un après-midi, j'envoie un texto à Jamel qui est au sport. Juste parce que je pense à lui :

Je vais aller faire un tour au lac
après la sieste de la petite.

Le lac se trouve à deux minutes à peine de *Coco Island*. J'aime beaucoup y aller, car ça me détend et me repose l'esprit. Et puis j'aime me trouver non loin de Jamel, me sentir proche de lui, même si nous avons décidé d'un commun accord qu'il valait mieux que j'évite de me montrer trop souvent chez *Coco*.

Jamel n'a pas répondu à mon message, mais je suis sûre qu'il est heureux lui aussi de me savoir tout près de lui. Je me promène tranquillement le long du lac. Il fait un peu froid mais il y a un beau soleil et ma fille est bien emmitouflée dans sa poussette. Soudain, Jamel est là, à côté de moi. On se promène tous les trois tranquillement une petite heure, presque sans parler. On est bien. Puis il retourne à *Coco Island* tandis que je file à l'école.

J'ai l'impression de vivre un rêve éveillé, d'autant qu'il ne semble pas pressé de me mettre dans son lit : les câlins platoniques lui suffisent… Il ne cherche pas à obtenir plus. Il me laisse le temps.

Un jour, en début d'après-midi, j'entends klaxonner. Depuis le balcon, je vois sur le parking un gros véhicule tout-terrain de couleur noire. Au volant, Jamel me fait signe de le rejoindre. Quand j'arrive sur le parking, il baisse la vitre et me demande, tout sourire :

— Tu es prête ?

— Prête à quoi ?

— Je veux dire, tu es toute seule ?

— Toute seule. La petite est chez mes parents et la grande est à l'école.

Je fais quelques pas en arrière pour contempler la voiture. C'est une Porsche Cayenne.

— Elle est à moi, me dit-il avec un air radieux.

— Une Porsche, rien que ça ! Rien n'est trop beau pour toi, dis donc !

Il contourne le véhicule et m'ouvre la portière côté passager.

— Non, rien n'est trop beau pour ma princesse. Pour ma femme.

En même temps, il sort un bandeau noir de sa poche. *Qu'est-ce que c'est que ce truc ?*

— J'ai une surprise pour toi. Allez, grimpe dans ton carrosse !

Il m'entoure les yeux avec le bandeau et m'aide à monter dans cette immense voiture. Je m'assois sur le siège en cuir qui est d'une douceur incroyable. L'habitacle sent le cuir et le neuf. La voiture démarre et le ronronnement du moteur se mêle aux accords mélodieux d'une chanson d'amour diffusée à la radio. Je me laisse bercer.

Nous roulons en silence… Je suis totalement séduite et me laisse emporter par ce jeu vers une destination inconnue.

Les minutes passent. Soudain, la voiture s'arrête. Jamel coupe le moteur, ouvre sa portière et descend. Je me demande ce que je dois faire. Mais il ne me laisse pas le temps de m'inquiéter. Aussitôt, ma portière s'ouvre, il m'aide à sortir et enlève mon bandeau :

— Voilà ! Je te présente notre maison. Elle n'est pas encore tout à fait terminée, mais…

Je n'en crois pas mes yeux ! Devant nous se dresse une belle et grande maison toute neuve.

Il m'emmène jusqu'à la boîte aux lettres et me fait lire le nom écrit dessus. Le sien.

Je ne peux plus respirer.

C'est un rêve.

La maison est énorme, le rez-de-chaussée est occupé par une immense baie vitrée.

— En bas, il y a cent mètres carrés de local commercial. J'ai pensé que tu pourrais y installer une boutique de fringues. Comme ça, tu pourras garder la petite avec toi, étant donné que le commerce fait partie de la maison.

Il a pensé à tout !

Mes yeux brillent comme devant un sapin de Noël.

Il m'entraîne à l'intérieur. Il y a un énorme escalier, des chambres géantes, une somptueuse cheminée et une mezzanine qui donne sur un salon gigantesque. Mais la maison est à peine finie. Les peintures ne sont pas faites, certaines plinthes ne sont pas encore posées et du matériel de chantier traîne encore ici et là.

— Pourquoi ta maison est vide ?

— Je viens d'être livré.

— Et tu ne t'es pas occupé de la déco ? Avant de t'y installer, il va falloir que tu...

— Ah non, ça, c'est ta partie ! Tu adores ça, donc tu auras carte blanche sur toute la maison. Et tu vas avoir de quoi t'amuser : en tout, il y a quatre cents mètres carrés.

Je vais me réveiller.

Nous poursuivons la visite pour arriver dans le garage. Je vois un Jet Ski et une moto-cross.

— Mais qu'est-ce que ça fait là, ça ?

— Je viens de les acheter pour nos futures vacances.

Je tombe des nues...

— Arrête, c'est un rêve là, c'est trop !

— Rien n'est trop beau quand on s'aime, répond-il en souriant.

Je me tais. Je me sens belle, désirée, heureuse... Des choses auxquelles je n'étais plus habituée.

J'aperçois dans un coin un grand sac de voyage, duquel des papiers débordent.

— Qu'est-ce que c'est ?

— Oh… de la paperasse, rien d'important. Ça prend trop de place chez moi donc je laisse ça là.

Après avoir visité notre « futur nid d'amour », comme il l'appelle, nous repartons, heureux, en direction de mon appartement. Je ne sais que penser de tout ce bonheur qui m'entoure d'un coup après tant de souffrances. Sur la route, je remercie Dieu de ce cadeau merveilleux qu'il me fait.

Dieu ne m'a pas oubliée ! Il a entendu toutes mes prières et m'a comblée au-delà de ce que j'espérais. « Demandez, et vous recevrez. »

Tout en priant, une question me turlupine. Nous avons déjà parlé de religion, Jamel et moi, et il m'a souvent fait part de son espoir que je me convertisse à l'islam. Est-ce un signe ? Quel est le Dieu que je dois remercier ?

Nous dégustons en amoureux le dîner que j'ai préparé. Jamel se régale. Moi, je suis trop excitée pour avoir faim. Entre deux bouchées, il me dit :

— J'aimerais que tu fasses quelque chose pour moi !

— Quoi donc ?

Demande-moi n'importe quoi, mon amour. J'aimerais tellement, tellement faire pour toi ne serait-ce que la moitié de ce que tu fais pour moi !

— C'est un peu bizarre mais… Voilà : j'aimerais que tu m'envoies des textos me disant : « Je sais que tu ne m'aimeras jamais. »

Je le regarde perplexe :

— Quoi ? Mais pour quoi faire ?

— Pour que je montre à ma mère tes textos et qu'elle voie combien tu m'aimes. Combien tu es accrochée à moi et désespérée ! Alors elle aura pitié de toi. Même, elle t'aimera.

— Mais je m'en balance, que ta mère m'aime ou pas. Mon ex-belle-mère non plus, ne m'aimait pas. C'est toi que j'aime, le reste je m'en fous !

— Bien sûr mais... il faut que tu comprennes que depuis la mort de Kathlyn, mes parents la pleurent toujours. Je te demande ça comme un service entre nous.

Je trouve sa demande bizarre et ennuyeuse, mais je ne peux quand même pas lui refuser un si petit service :

— Bon, si tu veux, mais seulement quelques textos. Car écrire : « Je sais que tu ne m'aimeras pas », ça ne me plaît pas.

— Oui mon bébé, je comprends. T'inquiète, c'est juste pour elle, me dit-il sur un ton rassurant.

Je me mets aussitôt à la rédaction d'un premier message. Mais Jamel m'arrête :

— Non, ça ne va pas ! Efface et refais un message. Puis, envoie-le-moi quand je serai parti.

— Pourquoi pas maintenant ? Tu es à côté de moi, c'est pareil !

— Non, c'est pour que je le reçoive quand je serai avec elle.

— Ah OK !

Avant de partir, il me montre une vidéo sur son téléphone portable. On l'y voit, qui serre fort dans ses bras une dame qui lui dit : « Je t'aime mon fils. » Elle semble être à l'hôpital. Il filme la cicatrice qu'elle a au genou. Je suis un peu triste pour sa maman.

J'attends une heure et j'envoie le message.

Le lendemain, tout heureux il me dit :

— Ça a marché. Je lui ai montré ton message et elle a été contente.

Tristement, je lui réponds :

— Mentir sur notre avenir, ce n'est pas sain.

— Oh, n'en fais pas trop ! Ce ne sont que quelques messages. On s'en fout !

Mais je n'aime pas ça. Dans les jours qui suivent, je lui envoie des centaines de messages. La plupart, pour lui dire que je l'aime, et d'autres dictés pour que sa mère les lise.

Le lendemain, Jamel me donne l'argent du cadeau de Noël que je rêvais d'offrir à mes parents. Un joli meuble chinois, d'une valeur de mille euros. Je refuse d'abord, mais il insiste :

— C'est pour mes futurs beaux-parents. Ce n'est rien, juste un petit cadeau.

***

Jamel me dit aussi :

— Et si tu offrais des pass *Coco Island* à tes filles pour Noël, mais aussi à tes nièces et ton neveu ? Tu pourrais aller les acheter à *Coco*. Paie par chèque sans t'en faire. Je te rendrai ton chèque le soir même.

Je ne suis pas sûre d'avoir bien compris :

— Mais pourquoi faire un chèque si tu es le patron ? Et si tu me le rends après en plus ?

— Pour virer la connasse d'employée.

— Qui ? Et pourquoi ?

Jamel m'explique :

— Tu vas faire un chèque, que je vais te rendre. Ça fera un « vrai » motif de licenciement : perdre un chèque deux plus de cents euros, c'est une faute grave. Je pourrai enfin la virer.

— Enfin… La pauvre, elle a besoin de son boulot.

— J'en ai marre qu'elle s'absente trop souvent et qu'elle me harcèle. Elle veut juste se faire sauter et moi, je ne veux pas d'elle. Je veux la virer.

Je sais que ce n'est pas bien, mais en y réfléchissant, ça permet de virer une nana de son entourage qui pourrait être une concurrente.

Le jour même, je vais à *Coco Island* acheter les pass annuels. Je paye par chèque.

Le soir, Jamel me ramène le chèque en riant.

— Cette petite connasse s'est vantée d'avoir vendu cinq pass !

Il déchire le chèque devant mes yeux.

Quelques jours plus tard, je retourne à *Coco Island* avec mes filles. La jeune fille vient me dire, très mal à l'aise :

— Je suis désolée, mais je dois vous redemander de faire le chèque, car nous l'avons perdu. Je suis vraiment désolée !

Je refuse tout net :

— Vous allez le retrouver ! Pas question de faire un second chèque.

Un après-midi, nous sommes assis sur le canapé à regarder la télévision, quand Jamel me dit :

— J'ai encore une faveur à te demander.

— Quoi ?

— Tu sais, les beaux poèmes que tu écris, tu m'en écrirais ?

— Oui, bien sûr, si tu veux.

Je prends une feuille et lui en écris un, en prenant son prénom pour thème. À la lecture, il est stupéfait.

— J'adore ! me dit-il.

Je lui offre bien sûr le poème. Mais il n'en reste pas là.

— Tu vas faire comme avec les textos, tu vas m'écrire des lettres d'amour, bien sûr des fausses lettres sur le thème : « Je sais que tu ne m'aimeras jamais ».

Je commence un peu à m'énerver :

— Non, tu ne vas pas recommencer. J'ai déjà fait tes textos de merde, c'est bon maintenant !

— S'il te plaît bébé, c'est pour que ma mère voie à quel point tu es prête à tout... Alors elle comprendra combien tu m'aimes, et à son tour, elle t'aimera !

— Non, je m'en fous qu'elle m'aime.

— Moi pas. C'est ma mère, je veux juste qu'elle t'aime comme sa fille. C'est la condition pour qu'on soit heureux.

— Mais qu'est-ce que ça ajoute ? Il y a déjà les textos !

— Comme ça, je les lui montrerai et elle les relira. Alors que les textos, elle ne peut pas, vu qu'ils sont sur mon téléphone.

Après un moment d'hésitation, j'accepte.

Je prends une feuille de papier mais bien sûr, je n'ai aucune inspiration. Je lui demande ;

— Bon, j'écris quoi ?

Il me dicte le texte. Au total, je lui écris trois lettres. Pourquoi trois ? Je n'en ai aucune idée. Jamel me donne des timbres en me disant :

— Poste-les à deux jours d'intervalle !

— Mais pourquoi ?

— Parce que je te le demande. Tu peux quand même bien faire ça pour moi, non ?

Je trouve cela assez étrange, et le lendemain, je poste la première lettre. Malheureusement, j'oublie de poster la deuxième. Jamel me rappelle à l'ordre :

Tu n'as pas posté la lettre ?

Ah, non, j'ai oublié.

Bon, vas-y maintenant, dépêche-toi.

Je culpabilise, j'attrape ma petite et je file à la poste. En chemin, un autre texto :

Tu vois, je te demande juste un truc et tu ne le fais pas.

Le soir, j'y repense.

Mais pourquoi ces faux textos, ces fausses lettres ?

Je ne trouve pas de réponse. *Mais je suis incapable de lui dire non. Il est si gentil avec moi.*

***

Un samedi Jamel m'accompagne pour faire les courses. Avec lui, plus besoin de regarder tous les prix et de me baisser pour prendre les produits les moins chers tout en bas des rayons. Il me laisse remplir le caddie à ras bord et ajoute plein de friandises. À la fin, c'est lui qui paye sans faire du tout attention au total.

Dans la galerie marchande, nous passons devant une boutique de lingerie. Jamel soulève sa capuche – il se cache fréquemment sous une casquette ou une capuche, prétextant vouloir préserver notre jardin secret –, se met à rire et me fait sur un ton gourmand :

— Hummm, je t'achèterais bien ça !

— Oh, tu sais, moi les sous-vêtements… Je m'en fous d'avoir du moche. Je préfère que mes enfants ne manquent de rien plutôt que de mettre de l'argent là-dedans.

Je me demande quelle va être sa réaction. Mais il sourit. Alors j'ajoute :

— De toute façon, tu ne me touches pas, donc pas besoin d'artifices.

Il prend ma main et me dit :

— Des femmes, j'en ai eu. Plein. Mais toi, tu vas être *ma* femme. J'ai toute la vie pour te faire l'amour. Une princesse, ça ne se baise pas.

Je fonds d'émotion.

Pourtant, un matin, il me dit en rigolant :

— En fait, tu es une grosse prude.

— Pourquoi tu dis ça ?

— Pourquoi tu me n'envoies jamais de messages cochons ?

— Mais pour quoi faire ? Et puis, tu sais très bien que ce n'est pas mon truc.

— Allez ! On fait un pari : pendant vingt-quatre heures, tu ne m'envoies que des textos ultra chauds, bien sexuels !

— Mais tu es débile où quoi ? On ne couche même pas ensemble ! À quoi ça rime ?

— Allez ! Et aussi quelques photos de ton minou.

— Tu rêves !

— Dans un couple, le sexe c'est très important.

— Je n'ai pas dit le contraire.

— Tu vois, tant qu'on n'est pas mariés, je n'ai que ça pour tenir.

— C'est débile ce que tu dis. Et si nous n'avons pas de rapport, c'est parce que c'est toi qui veux attendre. Tu es là à six heures quasiment tous les jours, tu te couches avec moi, tu es en caleçon, moi en nuisette, et tu ne me touches pas. Peut-être que tu es gay !

Il se met à rire et part en haussant les épaules :

— Si tu savais !

Avant de refermer la porte, il me lance :

— Je savais que tu ne le ferais pas, va. Tu n'as pas assez de cran.

Généralement, j'aime les défis, mais celui-là m'énerve. Même en cinq ans de relation avec le père de mes filles, je n'ai jamais fait ça. Pas question.

Le soir même, sans nouvelle de lui, je me décide à lui faire plaisir et à tenir le pari.

C'était un pari. Juste un pari… Si j'avais su que ces photos seraient dévoilées, bien sûr, je ne les aurais jamais faites. Cela m'a beaucoup meurtrie. J'ai été blessée, salie, humiliée. J'en ai beaucoup pleuré. Tout le milieu judiciaire a pu les voir, cela m'a fait beaucoup de mal. Je me demande toujours aujourd'hui si à la cour d'assises, on les a aussi montrées aux jurés.

Malgré tout, lorsque j'ai vu tout le contenu de son portable, via *le dossier judiciaire, j'ai pris du recul : finalement, mes quatre photos n'étaient rien comparées à toute la pornographie, à vomir, qu'il a imposée aux femmes qui ont assouvi ses désirs. Je pense en particulier à l'un de ses avocats, qui a accepté de se dénuder pour lui !*

***

Ma fille à rendez-vous à l'hôpital Trousseau pour effectuer sa scintigraphie. C'est un examen médical assez lourd. J'en informe Jamel qui me dit :

— Je ne pourrai pas venir, j'ai un rendez-vous ce jour-là.

— Je comprends très bien !

Mais, le matin du rendez-vous, une fois ma petite installée dans la voiture, je sens des mains se poser sur mes cheveux. Je me retourne. C'est Jamel. Il a toujours cette étrange habitude d'arriver par surprise et très discrètement. Je suis tellement contente qu'il soit là !

— Je sais que c'est un examen important pour la petite, alors je veux être là.

Je le regarde émerveillée, je suis radieuse.

— Et ton rendez-vous ?

— Quoi de plus important que la vie de ton bébé, de ma fille maintenant ? Détache là, on y va avec ma voiture.

Jamel détache l'énorme siège auto. Je file dans la Golf noire, la voiture du jour de Jamel, et nous voilà en route pour l'hôpital.

Une fois que nous sommes arrivés, une dame nous indique la salle d'attente. Elle précise :

— Par contre, une seule personne peut entrer avec la petite.

Jamel insiste :

— Mais, on est ses parents ! C'est normal qu'on soit ensemble.

Rien à faire, la dame reste ferme.

— Je n'y peux rien, c'est comme ça.

Je rentre donc avec la petite. Je me sens un peu coupable d'abandonner Jamel dans la salle d'attente, alors qu'il a manqué son rendez-vous pour nous :

— Je m'excuse…

— Ne t'inquiète pas, vas-y !

Je passe d'énormes portes et me retrouve dans une nouvelle salle d'attente avec mon bébé. Je ne sais pas ce qu'ils vont lui faire ni même si c'est douloureux. Mon angoisse grandit. Je me mets à pleurer. J'envoie des textos à Jamel. L'attente est trop longue et cela fait déjà une heure que je patiente.

Enfin, j'entends des pas.

C'est sûrement une autre maman qui vient pour un examen. Ouf, je ne suis plus toute seule.

Et là, je vois arriver… Jamel… Le Seul. L'Unique. Le Vrai.

— Mais comment as-tu fait ?

Il me sourit :

— J'ai donné un billet à cette conne. Elle a dit : « Je vais chercher un café et vous passerez discrètement. »

Quel malin ! Nous discutons et rigolons tous les trois dans la salle d'attente comme une vraie famille.

Comment se méfier quand tout est parfait ? Il se débrouille même pour vivre un peu de mes souffrances. Il veut toujours s'impliquer.

7

Le voyage

— Ça y est, c'est bon, on part !

— Où ? Quand ?

— Moi, je pars deux jours avant toi, car un mariage, ça s'organise.

— Attends… On part à Tipaza ? Tu as eu mon visa ?

— Non, la préfecture fait chier. Je n'ai pas ton visa ! On va donc partir à Marrakech et de là, on ira à Tipaza qui se trouve à cent cinquante kilomètres.

Jamel m'explique tout. Je partirai deux jours après lui. Il sera là à l'aéroport quand j'arriverai. Il précise qu'il se peut qu'il soit en retard.

— Si c'est le cas, ne t'inquiète pas. Si tu ne me vois pas, prends un taxi, donne-lui le nom de l'hôtel et attends-moi ! À l'hôtel, *via* la réception, tu loueras une voiture ; mon cousin, qui bosse à la frontière, te fera passer sans problème. Tu laisseras donc ta voiture à la frontière et là, tu monteras dans ma voiture.

Je suis perdue.

— Mais pourquoi louer une voiture ? Je n'en ai

jamais loué de ma vie, je fais comment ? Pourquoi à la frontière ?

— Ne t'inquiète pas de ces détails ! L'hôtel saura faire, c'est comme ça pour tous les touristes.

Je suis complètement déboussolée et un peu paniquée.

Il commence à se faire tard, Jamel se prépare à partir, il m'embrasse fort et me dit à demain.

Le lendemain, il arrive, très pressé et me dit :

— Je pars dès ce soir mon bébé !

— À Marrakech ?

— Oui, j'ai pris un billet pas cher en dernière minute. Viens, on va regarder les vols pour toi.

Je suis un peu affolée : tout cela est si précipité. Je m'assois sur ses genoux, il cherche un hôtel sur internet, et il le trouve, il s'agit du *Royal Mirage*. En me montrant l'hôtel, il me dit :

— Tu verras, c'est splendide. Un vrai palace !

Comment sait-il ça ? Y est-il déjà allé ? La question me traverse l'esprit, mais sur le moment, je n'y prête pas attention.

En deux clics, l'hôtel est réservé. Même chose pour le billet d'avion. Cette fois, je suis réellement au paradis. Maintenant c'est définitif, je vais partir pour mes fiançailles ; je vais être sa princesse. Même si je ne lui ai pas encore dit oui officiellement, dans mon cœur, c'est un grand « oui » que je lui crie !

Avant de partir, il me demande les originaux des contrats. Il les regarde et en fait des copies avec mon imprimante, qu'il met dans la poche de sa veste.

— Pourquoi, tu veux les contrats ?

— Je vérifiais juste qu'ils sont bien validés et actifs. Histoire que tout soit en règle pour le bled et pour mon cousin.

Je ne comprends pas grand-chose mais j'ai l'habitude. Les papiers, très peu pour moi ! Je lui tends la liasse :

— Prends-les !

— Non ! Range-les et garde-les bien soigneusement.

Aussitôt, pour être sûre de ne pas les perdre, je range les dossiers dans un petit casier sur lequel est écrit : « Papiers officiels ». Je le vois heureux. Moi, je suis complètement euphorique. On s'embrasse.

— À dans deux jours, amour de ma vie.

Hop ! Jamel est parti.

Aussitôt, je file chez ma mère pour lui faire part de la bonne nouvelle : je vais me marier !

J'entre en trombe dans la cuisine, complètement surexcitée :

— Maman ! Je pars dans deux jours ! Tu peux garder les filles ? Je vais… Je vais me marier ! Oh Maman, je suis tellement heureuse !

Ma mère me regarde avec stupéfaction :

— Mais qu'est-ce que tu racontes ?

Elle veut me faire asseoir, mais je suis comme montée sur ressorts.

— Maman, tu te rends compte ? Je vais me marier.

Je ne comprends pas du tout pourquoi elle ne semble pas partager mon enthousiasme. Elle me sert un verre d'eau et me parle fermement :

— Julie, il n'est pas question que tu partes comme

ça. Je... je ne le sens pas. Tu sais, un homme qui te donne autant d'argent, qui ne veut même pas coucher avec toi sous prétexte de « pas avant le mariage », ça n'existe plus ça !

Je suis vexée. Mais elle ne me laisse pas l'interrompre :

— Et puis... Il se cache de nous. Il t'a même fait toute une histoire le jour où moi je l'ai juste croisé dans l'escalier. Tout ça, c'est malsain... Non, ne pars pas ! Te rends-tu compte qu'il t'a tellement retourné le cerveau que tu ne manges plus de porc, pas même de charcuterie, alors que tu adores ça ? Il t'a endoctrinée, il t'a envoûtée.

Ah, c'est donc ça ! Jamel me l'avait dit, et je ne voulais pas le croire : ma mère ne veut pas mon bonheur. Ma mère est... jalouse de mon bonheur. Mais je ne la laisserai pas me détruire.

— Eh bien, endoctrinée ou pas, tu viens de me prouver qu'il a raison lorsqu'il dit « Pour vivre heureux, vivons cachés ».

Elle perd son calme :

— Je ne peux pas t'empêcher de partir. Et je ne t'emmènerai pas à l'aéroport. Mais aucun souci, je garderai les petites. Fais tes conneries, de toute façon tu n'en fais jamais qu'à ta tête. Je t'avais déjà prévenue pour le père des filles, tu ne m'as pas écoutée, et tu as vu le résultat...

Je ne veux pas en entendre davantage. Je pars en claquant la porte. Au fond de moi, je suis terriblement triste. J'ai horreur que ma mère n'appuie pas mes choix. Et c'est la première fois que je me dispute si violemment avec elle.

Elle finira par changer d'avis quand elle me verra heureuse à mon retour.

Le soir j'échange par textos avec elle. Ça m'évite de l'appeler et de me faire passer un nouveau savon au téléphone.

STP ne dis rien à papa ce soir. Pas la peine qu'il se fasse du souci en plus.

En fait, j'ai peur qu'il m'empêche de partir si jamais maman l'informe de mes projets.

OK. Mais tu sais ce que j'en pense.

Avec Jamel, nous avons prévu qu'il demandera officiellement ma main à mes parents le 24 décembre au soir, le lendemain de notre retour. *Quel beau cadeau de Noël je leur prépare : un mari pour leur fille, un papa pour leurs petites-filles et, pour eux, un gendre idéal !*

Le lendemain, j'appelle Greg, mon meilleur ami, qui est aussi le parrain de ma dernière. Je lui raconte mon aventure, mon départ imminent. Lui non plus n'est pas très enthousiaste.

Décidément, ils se sont tous passé le mot ?

Pour lui, toute cette histoire va beaucoup trop vite. Il est protecteur, je trouve cela adorable, mais depuis mon petit nuage, je n'écoute pas ses conseils. Je le supplie surtout de m'emmener à l'aéroport puisque maman refuse. Il accepte ! Je déborde de bonheur.

Une amie passe me voir à l'improviste. Bien sûr, je lui raconte tout. Elle aussi me dit que tout va trop vite. Elle insiste pour que je lui laisse au moins le nom de l'hôtel où Jamel m'attend. J'accepte, mais... mes pensées sont déjà là-bas, je vis un rêve éveillé.

Dès qu'elle est partie, je prépare mes bagages. Jamel m'a dit d'arriver discrètement, de ne pas me faire remarquer afin de ne pas attirer le mauvais œil... Bien que je ne l'aie jamais vu prier, il est très croyant. Je partirai donc avec mon jogging noir. Mais dans la valise, je mets une magnifique robe blanche que j'avais achetée à l'occasion du baptême de ma grande. Quand il l'avait vue, Jamel m'avait demandé de l'emmener pour qu'elle me serve de robe le soir des fiançailles. J'ai aussi acheté une jolie nuisette pour notre première nuit officielle. J'emmène également le doudou de ma petite fille, ma Bible et l'argent que Jamel m'a donné pour payer l'hôtel et le taxi. Je n'oublie pas d'emporter mon appareil photo et mon chargeur de téléphone portable. Autour de mon cou, je mets ma chaîne préférée, celle en grains de café, en argent avec une jolie croix en cristal et une main de Fatma que ma marraine m'a offerte quelques jours auparavant. Sans même savoir que je devais partir, elle me l'avait tendue en disant : « Porte-la, elle te protégera ! » Je mets mon plus beau piercing au nez, mes petites boucles d'oreilles et deux bagues, dont une qui appartient à ma mère.

Pour terminer, j'enfile le maillot de basket que Jamel m'a gentiment laissé après que je lui ai demandé.

— Laisse-le-moi, comme ça, j'aurai ton odeur jusqu'à ce que je te retrouve !

Me voilà, prête ! Je me prends en photo avec son tee-shirt devant mon miroir. *Voilà, j'ai pris ma dernière photo de célibataire*.

Nous sommes le 19 décembre, il est quatre heures du matin et je ne dors toujours pas. Mes yeux sont ceux d'un hibou ; je tourne et me retourne, cherchant le sommeil en vain. J'allume la télé, mais il n'y a rien d'intéressant. J'appelle Jamel et tombe directement sur son répondeur.

Je suis bête : il ne peut pas me répondre vu qu'il est déjà là-bas.

Je laisse tout de même un message : « Coucou, c'est moi ! J'arrive demain, je t'aime. »

Après un moment qui me semble une éternité, je finis tout de même par m'endormir.

***

Enfin, c'est le grand jour… Celui du départ. Sans hésitation, je me lève et m'empresse de me préparer. Quelques minutes plus tard, Greg sonne à la porte.

Nous voilà partis pour l'aéroport. Dans quelques heures, je vais retrouver mon amour. Malgré tout, je suis très angoissée : je ne voyage pratiquement jamais, et encore moins seule. Dans ma vie, j'ai n'ai fait que deux voyages : une fois en Tunisie dans ma famille et une fois en Égypte avec le père de mes filles. Je ne suis pas une aventurière, bien au contraire, je redoute l'inconnu. Si je n'aimais pas autant Jamel, jamais je ne serais partie toute seule.

À l'aéroport, alors que j'enregistre ma valise, une pensée vient me percuter au cœur : je songe à ma mère, à son refus de m'accompagner aujourd'hui. Soudain, je me sens abandonnée. Mais je me ressaisis aussitôt. Je pars rejoindre l'homme de ma vie ; elle finira par être fière de moi, j'en suis sûre ! *Voilà l'occasion rêvée de lui prouver que je ne suis plus un bébé.*

Greg me prend dans ses bras, une dernière bise avant de se dire au revoir, et je pénètre seule dans la salle d'embarquement. Mon cœur se serre de tristesse et d'angoisse.

Trois quarts d'heure plus tard, nous décollons. Je regarde la photo de mes enfants que j'ai glissée dans la Bible. Je serre contre moi le doudou de mon bébé... bref, j'ai tout ce qu'il me faut pour me rassurer... Pendant un instant, j'essaie de profiter du magnifique paysage qu'on ne voit que dans les airs. Mais une terrible pensée me frôle l'esprit : et s'il n'est pas là ? Si ma mère avait raison ? Et puis, si le cœur de mon bébé ne va pas bien ?

Mais non, arrête avec tes pensées morbides... Il ne reste plus qu'une heure et tu seras auprès de ton amoureux !

Et voilà que je fonds en larmes. Je suis complètement oppressée par la dispute que j'ai eue la veille avec ma mère. Nous sommes très fusionnelles ; encore plus depuis le calvaire que j'ai vécu avec la petite ; et son désaveu me fait très mal.

Enfin, le commandant de bord annonce l'atterrissage imminent. Je suis tellement excitée que je suis une des premières à descendre. Il est seize heures à Marrakech. Il fait bon, l'air est chaud. C'est tellement agréable, j'ai l'impression de vivre dans un monde irréel tellement tout me semble beau. Je passe la douane ; un tampon sur mon passeport... Là, c'est sûr, je ne rêve plus ! Dans le hall de l'aéroport, je récupère mon bagage et me dirige vers la sortie.

8

Bienvenue à Marrakech !

Mon premier réflexe est bien évidemment de chercher l'homme de ma vie, celui qui fait fondre mon cœur. J'observe les gens, en vain. Après dix minutes, il n'est toujours pas là. Je me souviens alors d'une phrase qu'il m'avait dite : « Mon bébé, lorsque tu arriveras à Marrakech, si tu ne me vois pas, ne t'en fait pas : prend un taxi pour qu'il t'emmène au *Royal Mirage.* »

Il doit être dans les bouchons.

Je décide de prendre un taxi. Jamel m'avait dit d'en négocier le prix, de le diviser par deux. Je propose à un couple de Français de monter avec moi, car je ne veux pas être seule ; déjà qu'être dans un pays inconnu est pour moi le bout du monde… Le taxi me dépose à l'hôtel. Avec ma valise, je me dirige vers la réception.

— Bonjour, je suis Mademoiselle Derouette, j'ai fait une réservation pour une nuit.

L'homme de l'accueil vérifie sur son registre. Il me donne une clé et je règle ma chambre en espèces. Un autre homme arrive et prend ma valise. Il me demande de le suivre. Nous traversons un hall immense. À travers la baie vitrée, j'aperçois une très belle piscine découverte. Je suis estomaquée. Moi, Julie Derouette, je vais passer la nuit dans ce palace !

Enfin, nous arrivons dans ma chambre. L'homme dépose ma valise et me souhaite un agréable séjour. J'ausculte le moindre centimètre carré de ma chambre et de la salle de bains attenante. Tout me plaît, tout est parfait. Comme la vie semble simple, soudain ! Réflexe habituel, je m'empare de mon téléphone portable, mais je constate que je n'ai pas de réseau et qu'il est donc impossible de téléphoner. J'appelle alors la réception avec le poste de la chambre afin de leur demander comment faire pour passer un coup de fil. Le réceptionniste me donne un code et me dit qu'il mettra ça sur ma note. Je ne comprends pas ce qu'il me dit, je n'y connais rien, je me sens nulle…

N'ai-je pas déjà réglé ma chambre en espèces ?

Mon premier réflexe est de téléphoner à Greg pour le rassurer et lui dire que je suis arrivée à bon port. Il s'empresse de me demander :

— Jamel, il est là ?

Je reste évasive :

— Je vais le rejoindre maintenant !

Pas question de lui avouer qu'il n'est pas venu m'accueillir à l'aéroport !

Ensuite, j'appelle Jamel et je tombe encore sur son répondeur. *Bon, de toute façon, il ne devrait plus tarder.*

Après m'être rafraîchie, je redescends à l'accueil où je demande à un employé de l'hôtel de m'expliquer la marche à suivre pour louer une voiture. Je m'étais fait une montagne de cette histoire de voiture alors que finalement, c'est tout simple : il passe un coup de fil et m'informe en raccrochant qu'une personne viendra déposer la voiture dans une heure. Et tout se passe comme prévu. Une heure après, la voiture est là. On me présente un contrat de location à signer avant de prendre l'empreinte de ma carte bleue. Par acquit de conscience, je fais le tour du véhicule. Je m'aperçois que le réservoir est presque à sec et que le coffre est fermé. La clé ne l'ouvre pas.

— Pouvez-vous me montrer comment ouvrir le coffre s'il vous plaît ? J'en ai besoin pour mettre ma valise.

— Non, ce n'est pas possible. Le coffre est condamné.

— Je veux une autre voiture alors.

Le commercial m'explique que je viens de louer la dernière voiture disponible. Certes ; le coffre est bloqué et personne n'a eu le temps de faire le plein, mais une station-service se trouve à cent mètres de l'hôtel. Conciliant, il me propose une ristourne.

J'ai sans doute encore du temps devant moi, alors j'en profite pour faire le tour de l'hôtel, qui est immense. Je trouve une boutique où j'achète de petits souvenirs pour mes enfants. J'aperçois ensuite une boutique ressemblant plutôt à un salon de beauté. Sans hésiter, j'y vais ! En plus, Jamel m'en avait parlé et m'avait demandé de me faire belle alors, tant qu'à faire… Je décide de prendre soin de moi : massage, épilation, pose de vernis aux pieds uniquement puisque j'ai déjà une jolie french sur les mains.

Ce moment de détente me fait un bien fou. *Je suis prête pour toi, mon Prince !* Je passe à la réception pour savoir si Jamel est arrivé. Non, toujours pas. Pas de message pour moi non plus.

Je remonte alors dans ma chambre où je tente de nouveau de le joindre au téléphone, mais je tombe toujours sur son répondeur. Je commence à m'énerver… Je connais bien cette boule qui commence à se former dans mon ventre. Ce n'est pas seulement l'énervement bien compréhensible face à un contretemps. *Au fond de moi, je sais que quelque chose n'est pas normal.*

Je me raisonne. *S'il n'est pas là, c'est qu'il me prépare quelque chose de magnifique pour le mariage.*

Pour tromper mon stress, je descends au restaurant de l'hôtel. Je mange vite, règle mon repas et remonte dans ma chambre.

Quelques minutes plus tard, j'entends frapper à ma porte. Mon cœur bat la chamade.

Ça y est, c'est lui, c'est mon Jamel !

Je me précipite pour ouvrir la porte, tout euphorique, et là… déception ! Je me trouve nez à nez avec un employé de l'hôtel qui me dit :

— Il y a une erreur sur l'addition, il manque de l'argent.

Comme cela ne fait que quelques heures que je suis en possession de monnaie marocaine, j'ai dû me tromper. Je ne cherche pas à comprendre ; je lui montre une liasse de billets et il en prend un. Après m'avoir remerciée, il s'en va et je referme la porte.

Mais il est où putain !

Pour me détendre, je vais prendre un bain. Je me prélasse dans l'eau tiède en attendant l'arrivée de mon héros.

Je sors du bain, me sèche et enfile mon jogging noir comme Jamel me l'avait demandé ; je ne me maquille pas et m'allonge sur le lit, histoire de me reposer quelques instants. Sans m'en apercevoir, je m'endors. Quand j'ouvre les yeux, je constate qu'il est vingt-deux heures. La chambre est toujours aussi vide, toujours pas de Jamel…

Je décide alors de descendre dans le hall. Je tombe sur deux jeunes Français, les seuls autres clients de l'hôtel. Ils cherchent à engager la conversation, mais je les fuis. Ce que je veux, c'est voir Jamel. Alors, je retourne dans ma chambre, mon seul et unique refuge dans cette immense ville.

Je n'y reste pas longtemps. Après un petit moment de réflexion, je descends dehors pour essayer de voir où il est. *On ne sait jamais, je vais peut-être tomber sur lui.*

Bien sûr, il n'y a personne dehors. Je remonte dans ma chambre une fois encore, essaie de le rappeler pour la énième fois. Toujours le répondeur. Cette fois, je sature !

Tant pis, s'il n'est pas là demain matin, je prends le premier vol pour rentrer en France et je le quitte définitivement.

Je suis vraiment furieuse ! Je ressors faire les cent pas devant l'hôtel. Je finis par m'asseoir par terre.

J'observe les dromadaires un moment, puis je mets ma tête entre mes bras et je fonds en larmes.

Miracle, au bout de quelques minutes, j'entends sa voix :

— Mon amour, que fais-tu là ? Pourquoi pleures-tu ?

Je pleure, je hurle. Mes nerfs lâchent.

Il me réconforte :

— J'ai eu une galère, une embrouille… tu devrais remercier Dieu que je sois encore en vie.

Tout s'explique ! J'ai peut-être été un peu trop agressive.

Il essuie mes larmes et nous rentrons dans l'hôtel.

***

Il reprend alors en main l'organisation.

— Tu as réservé une voiture ?

— Oui, je l'ai fait en arrivant à l'hôtel.

— Eh bien c'est parfait !

Il me regarde en souriant. *Ouf, il est content de moi.* Puis il prend ma main et s'agenouille devant moi.

Il me fait alors la plus belle des déclarations. Je contiens mes émotions mais j'ai dû mal à ne pas me mettre à trembler comme une feuille ! Il m'offre une boîte noire. Je l'ouvre et découvre… un magnifique solitaire !

Ce n'est pas possible ! Mon Dieu, que cette bague est belle.

J'ai perdu l'usage de la parole ; des larmes commencent à couler le long de mes joues.

Il me demande :

— Alors, veux-tu m'épouser ?

C'est trop beau, trop fort, trop vivant ! Je suis la femme la plus heureuse du monde.

Alors, sans hésiter je réponds :

— Oui.

Après cet épisode féerique, Jamel me dit :

— Va chercher ta valise, on y va !

Il m'avait déjà prévenue que l'on ne dormirait pas dans cet hôtel.

— Bah, viens avec moi, elle est lourde ma valise !

— Non, je t'attends là ! Je préfère éviter de me montrer. Les Marocains et les Algériens... voilà quoi.

— Bon OK !

Je vais chercher la valise toute seule. Jamel me lance d'une voix forte :

— À tout de suite, ma femme !

Je cours afin de rester le moins longtemps toute seule... J'ai besoin d'être auprès de lui : mon amoureux, mon cœur, l'amour de ma vie.

Juste avant de partir, Jamel me propose de faire un petit tour à dos de dromadaire... Je suis surprise – c'est presque le milieu de la nuit –, mais c'est aussi tellement romantique ! J'insiste pour que nous fassions quelques photos de cette promenade au clair de lune. Mais Jamel semble impatient :

— Oh, tu es relou avec tes photos, on aura toute notre vie pour ça et pour refaire des tours sur des dromadaires... Bon, allez, on en fait une ou deux et on part !

Quelques minutes après, nous sommes sur le parking.

— Prends ta voiture, la mienne est garée dehors ! Tu me suis, me dit Jamel.

J'installe ma valise sur la banquette arrière.

Ça y est, c'est le grand départ. Plus que cent cinquante kilomètres à parcourir avant que mon rêve ne devienne réalité.

9

Le cauchemar

Une grande ligne droite sans éclairage... Une route déserte. Je roule tranquillement en suivant la voiture de Jamel comme il me l'a demandé. Il fait nuit, j'ai horreur de conduire à la lueur des phares et je ne suis pas vraiment rassurée. Un rond-point, puis un autre...

Soudain, je perds sa voiture de vue. Je continue de rouler, mais je ne suis pas tranquille. Quelque chose cloche. Malgré l'air doux qui pénètre par ma fenêtre entrouverte, je sens l'angoisse monter. C'est irrationnel.

Peut-être qu'il a fait le tour du rond-point pour blaguer.

Mais même cela ne m'apaise pas. Je jette un coup d'œil dans le rétroviseur. S'il avait voulu me faire une farce, il devrait me suivre maintenant. Mais je n'aperçois la lueur d'aucun phare.

Je tremble et ne peux retenir mes larmes. Pour contenir la peur qui me saisit d'un coup, je hurle comme une dingue dans la voiture :

— Jamel, Jamel, Jamel… T'es où ?

Les secondes passent comme des heures sur cette route toujours déserte.

Soudain, quelque chose vient percuter ma voiture par l'arrière. Un petit choc, je suis « collée » par un véhicule qui me tamponne. Un deuxième choc, puis un troisième… Encore et encore. Tétanisée par la frayeur, je n'ai pas tout de suite l'idée d'appuyer sur l'accélérateur. D'autant qu'au même moment, j'entends un bruit sourd provenant du coffre de la voiture. Une voix qui appelle au secours. *Quelqu'un est enfermé dans mon coffre !* Je me retourne, je ne comprends rien, je perds le contrôle de ma voiture

Brusquement, mon véhicule quitte la route.

Ça y est, c'est fini. Je vais mourir.

J'entends une portière de voiture qui claque, mais ce n'est évidemment pas la mienne puisqu'elle est encore fermée…

Aussitôt, je me mets à crier de toutes mes forces :

— Au secours ! Au secours !

Je suis terrifiée et complètement sonnée. Tout à coup, je sens qu'on me tire par les cheveux. Quelqu'un cherche à me faire sortir du véhicule par la fenêtre. Mais je suis maintenue par la ceinture de sécurité et il n'y arrive pas. Je crie… Je me débats… Je pleure.

— Pourquoi ! Pourquoi !

Je hurle :

— Jamel !!!

On m'arrache les cheveux encore plus fort et plus violemment. Ma tête est celle d'une poupée de chiffon.

Mon premier réflexe est d'attraper le doudou de mon bébé et de le serrer de toutes mes forces.

Alors j'entends :

— On va te crever ! On va te crever !

Je suis perdue ! Un de mes agresseurs, qui s'est installé sur le siège du passager, m'arrache le doudou. Il est dos au pare-brise, et me bloque violemment, les bras vers lui. Je ne peux plus bouger. Je suis pétrifiée... et dans l'incompréhension la plus totale. Alors, je crie :

— Prenez mon argent, mon appareil photo, ma bague, mais laissez-moi, laissez-moi ! Je vous en supplie. Laissez-moi le doudou de mon bébé !

Je hurle de toutes mes forces ; je ne comprends pas ; je suis en plein supplice. On m'agresse, mais pourquoi ? Qui ? Et pourquoi Jamel n'est-il pas là ?

On arrache mes boucles d'oreille, mon piercing puis ma chaîne avec les pendentifs. On m'enlève mes bagues, dont celle de ma mère et aussi la magnifique bague de fiançailles que Jamel vient de m'offrir. Je sens qu'on me secoue dans tous les sens comme si j'étais un pantin... Et comme si j'étais un pantin, je ne ressens aucune douleur.

Puis mes agresseurs tentent de me sortir de la voiture. On me donne des coups de poing, des coups de pied. On m'attrape à nouveau par les cheveux et le manège recommence inlassablement.

La tête coincée dans le volant, je suis bloquée, attachée par la ceinture. Mes bras sont maintenus et je continue de hurler. Je crie, encore et encore. Un coup de poing, puis deux... un troisième. Le bruit sec d'un bois qui craque… Mais ce sont mes os qui se brisent. Physiquement, je ne suis plus là, je ne ressens plus rien. Je n'ai même plus peur et un apaisement soudain m'envahit. J'ai l'impression de flotter. Et c'est alors, au sein de cette solitude sans fond, qu'une voix douce murmure à mon oreille :

— Bats-toi, on va y arriver, je suis là !

Suis-je morte ?

Aujourd'hui je sais qu'autour de moi il y avait comme une protection angélique. Alors que je croyais mourir, j'étais vivante. Plus que jamais vivante.

Je ne sais plus où je suis mais toute peur a disparu. Je sens encore qu'on me tient, qu'on me bat encore. Je sens qu'on me remet droite et qu'une personne maintient ma bouche ouverte très fermement. Elle y verse un liquide… Une odeur très forte se répand, me rappelant les odeurs des polycopiés de la maternelle. Bizarrement, cette réminiscence me rassure. J'avale, sans même m'en rendre compte. Ça me brûle la gorge, j'en recrache par le nez…

La personne me pince le nez tout en continuant de verser encore et encore ce liquide. Je tente d'ouvrir les yeux et je distingue une bouteille verte.

Pourquoi m'inflige-t-on tout cela ? Qu'ai-je fait de mal ? Qui me veut du mal ?

Mes yeux se referment… Je suis à nouveau dans le noir. J'entends qu'on craque une allumette, puis une odeur de soufre envahit mes narines… Des bruits de course. Mes agresseurs sont partis.

Je tombe alors comme dans un trou. Je respire difficilement, je ne peux plus bouger ; je ne sens plus mon corps. Je suis dans le noir absolu, je ne vois plus rien, je ne sens plus rien et je n'entends plus rien.

Au loin, des sirènes déchirent ce trou noir. On s'approche de moi :

— Madame ? Madame ?

Je devine plus que je ne sens qu'on m'emporte dans le camion des pompiers.

***

Quand je me réveille, tout est blanc autour de moi. C'est un peu comme ça que j'imaginais le paradis.

Sauf qu'il y a des barreaux aux fenêtres.

Et que j'entends quelqu'un pleurer.

Je veux m'asseoir, mais impossible !

Je vois Jamel devant moi, en larmes. Sa présence me réconforte et je me sens mieux. Il relève la tête en m'entendant remuer :

— Chuuut ! Ne bouge pas mon bébé. Surtout, ne bouge pas. Ta colonne vertébrale est brisée, c'est pour ça que tu ne peux pas bouger.

Je reste silencieuse… Je réfléchis à toute vitesse. Ou plutôt, j'ai l'impression de réfléchir à toute vitesse, mais je n'arrive pas à me remettre les idées en place. Je ne me souviens même plus de mon prénom. Je ne me rappelle que deux choses : la première, que Jamel est mon fiancé et la deuxième, le numéro portable de ma mère.

J'essaie de m'asseoir, car allongée je ne distingue pas facilement le visage de Jamel. Je n'entends que ses sanglots. Mais, c'est impossible, seul mon bras gauche bouge et tout le reste semble mort. Mon corps est coincé à l'intérieur de lui-même.

Je soulève le drap, car j'ai l'impression d'être mouillée. Je constate que je perds du sang.

Je suis affolée ; je montre le sang à Jamel, mais il semble ne pas le voir. Il se contente de répéter :

— Ne bouge pas, sinon, tu vas aggraver tes blessures, me dit Jamel.

— Quelles blessures ? Mais je suis où, putain ?

— Tu... Tu ne te souviens de rien ? me demande Jamel, inquiet.

— Non, de rien du tout !

— Enfin, tu te souviens bien qu'en sortant de l'hôtel, tu m'as soûlé pour aller skier ?

— Quoi ? Je déteste le ski et le froid !

— Pourtant, mon bébé, on a skié et tu t'es pris un arbre. Tes cervicales sont brisées.

***

Quelque temps après, je me réveille.

Une dame vient me voir et me demande :

— Puis-je prévenir une personne de votre famille ? Si oui, pouvez-vous me donner un numéro ?

Hormis le numéro de portable de ma mère, je ne me souviens de rien... Ni vraiment qui je suis, ni tout à fait d'où je viens. La dame me parle, mais je suis « ailleurs » comme dans un brouillard – ou dans un autre monde.

Je comprends à peine ce qu'elle me dit.

Elle sort et appelle mes parents. Elle tombe sur le répondeur et laisse un message qu'elle veut rassurant :

— C'est l'hôpital du Maroc à Marrakech. Votre fille a eu un accident, rien de grave, elle passe quelques examens, ensuite elle sortira.

Lorsqu'elle entend le message, ma mère, affolée, comprend que la situation est inquiétante. Mes parents tentent de joindre Marrakech, en vain. Il faudra attendre que l'hôpital les rappelle. Ma mère décroche :

— Madame, il faut venir tout de suite. Votre fille est entre la vie et la mort. C'est très grave !

Ma mère attrape une valise et y jette tout ce qui lui passe sous la main sans se soucier de savoir si elle a oublié des affaires. Aussi, elle se bat pour avoir les papiers de l'hôpital nécessaires à l'obtention d'un passeport d'urgence. Mes parents remuent ciel et terre pour faire avancer le processus. Ma mère se rend même à *Coco Island* afin d'obtenir le numéro de Jamel. Les papiers de l'hôpital nécessaires à l'obtention du passeport tardent à arriver et la préfecture ferme. Ils ne pourront donc décoller que le lendemain.

Le soir, ma mère téléphone à Jamel qui tente de me la passer. Maman entend à ma voix que je ne suis pas bien. Jamel reprend le téléphone. J'entends Jamel lui dire :

— Je suis avec ma femme, je ne comprends pas ce qu'elle fait là.

Ma mère me racontera plus tard que j'ai crié à ce moment-là :

— Tu es mon fiancé… Menteur… Pourquoi dis-tu

ça… C'est toi qui m'as fait venir dans ton bled de merde… T'as essayé de me tuer !

J'ai su aussi plus tard que Jamel, lorsqu'il avait eu ma mère au téléphone, lui avait promis de lui faxer le papier afin qu'elle et mon père puissent vite venir me rejoindre… Chose qu'il ne fera jamais. Pour brouiller les pistes, il ira même jusqu'à donner une adresse du lieu de l'accident qui n'a rien à voir avec l'endroit où les pompiers m'ont découverte.

Moi, je ne me souviens de rien.

Je replonge aussitôt dans un sommeil étrange.

***

Maintenant, un médecin est à mes côtés. Il parle mal le français et le seul mot que je comprends lorsqu'il dialogue avec Jamel en arabe est « *mahboula* », un terme que Jamel emploie fréquemment dans la conversation. Ça veut dire « folle ». Le docteur me dit :

— Madame, votre colonne vertébrale est fracturée en deux endroits. On ne peut pas vous opérer. Je crains qu'il ne vous reste pas plus de dix heures à vivre.

À la violence de la douleur physique qui s'est réveillée s'ajoute la violence des mots qu'il vient de prononcer.

Jamel me serre la main très fort. *Heureusement, il y a Jamel !* Il me dit :

— Je dois partir d'urgence en France. Ma mère va mal.

Je ne comprends qu'à demi-mot.

Avant de partir, le 21 décembre, Jamel me remet ma chaîne avec la croix et la main de Fatma autour du cou. Une chaîne qui a été arrachée pendant l'agression. Je ne le reverrai plus avant le mois de janvier.

***

Les visites dans ma chambre se succèdent, dont je ne me souviens qu'en pointillé.

Un policier qui vient me voir en me disant :

— Où est ma voiture ?

Dans mon état végétatif, je réponds à peine. Il insiste :

— Je vais revenir, je veux ma voiture !

Je suis dans un état second … Je vois des gens, mais je ne réagis pas ; je les entends me parler, mais rien ne trouve d'écho en moi. Je suis éteinte, perdue dans un silence lointain.

Ce sont ensuite deux dames qui travaillent au consulat … Malheureusement, je n'en ai aucun souvenir.

Un policier vient aussi prendre ma déposition. Je répète donc ce que Jamel m'a dit : accident de ski.

Une fois fini, il tient ma main gauche pour que je puisse signer ma déposition sans même la relire puisque, à ce moment-là, je ne pouvais pas ouvrir les yeux. Étrange procédé ! À ce moment-là, j'ignorais même que ce que j'avais pu signer n'était pas cohérent avec l'état de santé dans lequel je me retrouvais : si j'étais entrée accidentellement dans un arbre, mes traumatismes auraient été tout autres.

Je n'ai pas le moindre souvenir des examens que je subis : scanner, IRM, radios, prises de sang, analyses d'urines. Je vis un véritable parcours du combattant avec un nombre d'examens impressionnants, mais c'est comme si je n'étais pas là. Je subis des opérations. Mais hormis cette sale odeur de Bétadine, je ne sens aucune différence dans mon corps : toujours paralysée de trois membres.

Il fait nuit et je m'endors dans la souffrance la plus horrible. Je ne pleure même plus. Je veux me réveiller de ce cauchemar.

10

Survivre

23 décembre 2009

Je suis réveillée par une voix que je ne connais pas… S'y mélange une autre voix qui semble loin, même très loin, mais qui est unique à mon oreille… Nul doute, c'est ma mère. Maman est là !

Lorsqu'elle entre dans ma chambre, je n'ai pas la force d'ouvrir les yeux. Bouger ? Impossible. Mais, le fait de sentir la présence de maman me rassure. Je le sais, son amour est tellement puissant qu'elle surmontera vents et marées pour me sauver. Elle sait que je viens de me faire opérer et découvre mon état… Elle préfère donc de ne trop me toucher. Elle prend juste ma main dans la sienne et la serre fort, pour me faire comprendre qu'elle ne me lâchera plus.

Je l'entends me dire :

— Je suis là, c'est fini, je vais te ramener à la maison !

Je comprends au son de sa voix que je suis dans un état grave, mais l'entendre me fait du bien.

Parle maman, parle…

Puis, je n'entends plus rien. En un instant, le silence est brisé par la voix de mon père. Une émotion me submerge. Je sens la main de mon père se poser sur la mienne. Je ne peux toujours pas ouvrir les yeux mais je suis là, avec eux. J'entends juste mon père me dire :

— On est là ma fille, ça va aller !

Tandis qu'il m'embrasse sur le front, je sens ses larmes couler sur ma tête.

Une infirmière, adorable et douce, vient me faire des prises de sang.

Mes parents sont à mon chevet maintenant, et ils prennent soin de moi. Un jour, je fais un cauchemar dans lequel je revis l'agression ; je crie et j'appelle Jamel. Lorsque je me réveille, je sais que je n'ai jamais eu d'accident de ski. C'était une agression. C'est le choc ! Ma mère écoute avec horreur tout ce que je lui raconte. Les souvenirs me submergent. Je n'évoque pas encore le nom de Jamel, mais je suis à même de donner des détails : on m'a poussée dans le fossé, j'ai reçu des coups…

J'apprendrai lors de l'instruction que Leulmi avait fait des vidéos de moi dans cet état… Lorsque je les visionne au cours des procès, je fonds en larmes. On m'y voit allongée, faire un doigt d'honneur. Je parle comme si j'étais défoncée… On me voit ensuite rigoler et dire : « Ah ah ah c'est toi qui m'as poussée dans le fossé ! C'est toi qui as voulu me tuer. »

Il me parle, et je fais ce qu'il me dit comme une marionnette soumise à sa volonté.

Le 24 décembre, soir de Noël, aurait dû être le plus beau jour de ma vie… Au lieu de cela, je me retrouve dans ce lit comme si j'attendais la mort. Mes parents et moi trinquons tout de même, mais avec un verre de yaourt à boire. Ils grignotent un morceau de fromage.

Aujourd'hui, je continue de fêter Noël pour mes filles, mais chaque fois cette période de l'année réveille de trop douloureux souvenirs.

Une nouvelle période de ma vie commence. Celle où je dois apprendre à survivre. Je reste des jours et des nuits allongée sans bouger. Chaque geste me coûte, chaque mouvement me fait souffrir. J'ai envie de sombrer tout à fait, d'abandonner. Mais mes parents sont là, qui se relayent à mes côtés. Eux n'abandonnent pas la partie :

— Julie, tu ne dois rien lâcher !

Au bout de deux jours, mon père et ma mère me mettent dans un grand fauteuil roulant couleur saumon. Ils m'ont sortie du lit afin de me faire prendre l'air, mais le sol de la cour d'hôpital est pavé… Aïe, aïe, aïe… Le moindre chaos est une torture. Je ne peux contempler la cour que quelques secondes avant un énième « trou noir »… Je fais un malaise tant la douleur est insupportable.

Pourquoi cela m'arrive-t-il à moi ? J'élève mes filles du mieux que je peux ; j'essaye d'être honnête, d'aider mon prochain. Et pourtant ma vie n'est que souffrances. Qu'ai-je fait pour mériter ça ?

Malgré le grand sentiment d'abandon que je ressens, je découvre que deux anges gardiens ont veillé sur moi : Habdella et Fatiha. Ce sont les parents d'un bébé qui a été opéré à cœur ouvert, tout comme ma fille. La petite s'appelle Zaïra, elle a deux ans et demi et nous partageons la même chambre. Nous ne parlons pas le même langage, mais il suffit d'un regard pour échanger et se comprendre. Fatiha en particulier est aux petits soins avec moi. Au début, c'est elle qui m'a apporté à manger, car il faut savoir que là-bas, personne ne nourrit les malades. On ne donne pas non plus de médicaments. Les médecins prescrivent des ordonnances aux familles qui ensuite doivent aller à la pharmacie, en dehors de l'hôpital.

Grâce à leur présence, Jamel n'a pas pu finir son travail, car si j'avais été seule dans la chambre, il aurait pu m'étouffer, ou injecter un poison dans ma perfusion… Même après l'arrivée de mes parents, Fatiha a continué de me laver ! Elle était comme une mère qui me protégeait, me faisant des câlins et me rassurant avec sa voix. Je n'aurai de ses nouvelles que bien plus tard, en 2016, lors de la convocation de son mari pour le second procès. J'avais passé plus de six ans à la chercher.

Dans ce lit d'hôpital, j'attends. Enfin, la nouvelle tant attendue tombe : mon état de santé s'est stabilisé. Nous devons profiter de ce répit pour organiser mon rapatriement.

Un médecin arrive de France, il s'appelle Gislain. Il a un accent, que j'identifie comme étant de la Réunion : très doux et très apaisant. Je l'écoute me parler et le supplie de vite me ramener auprès de mes enfants. Il m'explique que l'assurance fonctionne uniquement avec Air France. Malheureusement, aucun vol de cette compagnie à partir de Marrakech n'est disponible. Je vais donc devoir faire un long trajet de deux heures en ambulance de Marrakech à Casablanca pour enfin décoller pour la France le 29 décembre.

Le matin du départ, Gislain est là. Il me fait un rapide compte rendu de la situation. On me porte sur un brancard ; les ambulanciers me font sortir de l'hôpital et le brancard roule sur les pavés. Mais chaque fois que mon corps bouge d'un millimètre, je me tords de douleur. Gislain m'injecte une dose de morphine pour me faire dormir. L'effet est très rapide. En quelques secondes, je ne sens plus rien. Ma mère est à mes côtés, ça me rassure, me donne la force et le courage de lutter. Mon père nous suit derrière, dans la voiture d'Amine, l'homme qui servait de traducteur à mes parents et qui aidera par la suite mon père à chercher la vérité en le guidant sur les lieux de l'« accident ». Amine était aussi le chauffeur du mari d'une des dames du consulat. Ces dernières, l'assistante sociale et un couple que mes parents ont rencontrés dans l'avion aideront tous du mieux qu'ils pourront, ils m'apporteront notamment des vêtements.

Dans l'ambulance qui roule au pas en direction de l'aéroport de Casablanca, j'émerge quelques secondes. Je souffre atrocement, c'est un calvaire… Gislain m'injecte une nouvelle dose de calmant et je perds conscience.

Arrivée à l'aéroport, l'ambulance dépose ma mère qui rejoint aussitôt mon père. Ils prennent un autre avion puisqu'il leur est impossible de monter dans le mien.

Dans l'avion, je suis installé en civière sur dix sièges, derrière un rideau. J'ai encore, au fond de la mémoire, le souvenir du pilote de l'avion qui vient dans l'ambulance. Il se penche sur moi, me serre la main et me dit :

— Courage jeune fille.

Pendant la durée du vol, je me réveille en sursaut. Il fait tout noir ! Je suis attachée et je ne peux pas bouger. J'ai l'impression d'être dans un cercueil... *Est-ce que je suis morte ?* Gislain apparaît et prend ma main pour me rassurer. Il me caresse le front, mais, rien n'y fait, je hurle de peur. Il m'injecte une nouvelle dose de morphine.

Je ne me réveillerai qu'une fois arrivé à l'hôpital d'Arpajon, qui m'a accueillie dans son service de gynécologie car il n'y avait plus de place dans le service d'orthopédie.

Quand j'ouvre les yeux, Gislain n'est plus là. Je ne le reverrai qu'au cours du procès. Je ne l'ai même pas reconnu, mais dès que j'ai eu son identité, j'ai fondu en larmes : il était l'un de mes anges gardiens ! Je n'ai même pas pu le serrer dans mes bras pour le remercier, car il est interdit d'être en contact avec les témoins appelés à la barre. Cela m'a bouleversée !

Les médecins, les infirmières, tous sont adorables avec moi ainsi qu'avec ma famille. Ils ne sont pas regardants lorsqu'un de mes visiteurs dépasse les horaires autorisés. Leur gentillesse et leur dévouement vont bien au-delà du professionnalisme. Malheureusement, mon état s'aggrave et il devient extrêmement difficile d'apaiser ma souffrance. Je viens pourtant d'être opérée… Je ne supporte rien, la morphine me fait plus de mal qu'autre chose. Je ne fais que vomir.

Le 30 décembre, c'est l'anniversaire de ma grande fille, elle a déjà six ans… Comme le temps file ! Malgré son jeune âge, elle vient à l'hôpital pour me soutenir. J'ai des souvenirs très émouvants de ma princesse qui me nourrit à la cuillère. Ma fille voit les perfusions ; toute cette atmosphère l'impressionne. Alors, elle ne peut s'empêcher de pleurer. On dépose ma petite dernière sur mon lit et je tente de la serrer contre moi avec mon seul bras valide. J'entends battre son petit cœur fragile… C'est pour elles que je continue de vivre.

Quelques jours plus tard, on me transfère au service d'orthopédie où je reprends espoir.

Je vais aller mieux !

Malheureusement, ce n'est pas le cas. Les différents examens s'enchaînent et je souffre toujours le martyre. Comme un zombie, je subis scanners, IRM, radios… Rien ne s'améliore.

Un médecin d'Arpajon prend contact avec le docteur Dorick Passeron de l'hôpital Beaujon. Je vais au rendez-vous en ambulance ; je dois obligatoirement être couchée en coquille, avec mon corset, appareil que je considère comme un objet de torture. Cela me fait horriblement mal, mais je ne dois l'enlever sous aucun prétexte avant quarante-cinq jours puisque j'ai été greffée. On a prélevé une partie de l'os iliaque de ma hanche droite pour créer deux cervicales. Cette opération s'appelle une arthrodèse. Le médecin m'explique en me montrant les radios que si, pendant l'agression, la vertèbre C1 avait été touchée, je serais morte sur le coup. C'est la C2 qui a cassé et qui m'a fait perdre connaissance. Heureusement pour moi, l'agresseur a pris cette perte de connaissance pour mon décès… La C2 a sauvé ma vie !

Lorsque le médecin m'explique en détail la gravité de mon traumatisme, je ne peux m'empêcher de repenser aux paroles de Jamel, ce geste qu'il avait voulu m'apprendre à faire pour que je me débarrasse du père de mes filles…

Je porte donc cet immonde corset jour et nuit. Un corset conçu sur mesure et moulé sur mon corps. Seulement, j'ai perdu presque dix kilos et il devient trop grand, ce qui aggrave mon supplice.

Mon père est mon héros et ma mère, une sainte. Ils se serrent les coudes pour gérer leur vie, et la mienne désormais. Chaque jour, maman vient me voir à neuf heures du matin après s'être occupée de mes deux filles qui vivent chez ma sœur. Elle reste toute la journée auprès de moi à l'hôpital et part lorsque je m'endors vers vingt et une heures. Sa vie et celle de mon père se sont arrêtées avec la mienne. Mes petites viennent tous les jours me visiter mais mon corset leur fait peur et mon bébé pleure beaucoup… Et moi, je reste prisonnière de ce corps handicapé. Mon bras droit en particulier est sans aucune force. Je découvre que j'ai été très mal opérée au Maroc ; ils ne m'ont sauvée que pour pouvoir me rapatrier…

Chaque jour, ma mère et ma sœur me lavent, s'occupent de moi comme un bébé. Malgré tous les soins qu'elles me prodiguent, je continue de souffrir… Aucun médicament ne me soulage. Je multiplie les infections, j'ai l'impression que je vais mourir… d'ailleurs, mon corps sent parfois la chair putréfiée. J'ai vingt-six ans, mais n'ai plus aucune intimité et je dois abandonner toute dignité.

Malgré toutes les douleurs, je me sens aimée. Même un voisin imam et un ami pasteur viennent prier près de moi pour que je m'en sorte. Cela m'aide à garder le moral et à rester forte.

Mais le soir, seule dans mon lit, je perds souvent espoir. Mon corps inerte me désespère au plus haut point. Je pense à mes filles, dont la tristesse me bouleverse… Je ne peux même pas les prendre dans mes bras. Je suis épuisée…

À quoi je leur sers ? Il est parfois préférable de mourir. Quel intérêt d'avoir une maman qui est allongée, reliée à une sonde urinaire, sous perfusion, rachitique, et qui plus est dans un corset ? Je suis tout simplement un légume somnolent qu'il faut nourrir à la petite cuillère.

11

Un si long séjour

Je pense souvent à Jamel. *Pourquoi ne vient-il pas ?*

Il ne répond à aucun de mes messages.

Un matin, maman me trouve très agitée lorsqu'elle arrive. Dès qu'elle entre, je m'écrie :

— Maman, il faut que je résilie les contrats.

— Les contrats ? Quels contrats ?

Je lui explique tout : les assurances invalidité-décès pour obtenir le visa afin d'aller en Algérie, le visa qui n'est jamais arrivé... Je vois qu'elle réfléchit à toute vitesse. Elle m'interrompt ;

— Quel nom as-tu mis ?

— Pardon ?

— Qui était le bénéficiaire de ces assurances ?

Mon Dieu ! Elle croit que... J'aurais mieux fait de me taire.

Elle se met à hurler :

— Qui, Julie, qui ?

— Les... les filles. Mais comme Jamel

m'accompagnait pendant le voyage, j'ai dû mettre son nom à lui en premier. En fait, les filles ne viennent qu'en seconde position.

Ma mère est ivre de colère, je crois qu'elle va faire un malaise. Autant aller jusqu'au bout maintenant :

— Il y en a pour plus de cinq millions d'euros. Qui auraient dû être huit millions si tout avait été validé.

Au moment où je raconte tout cela, la vérité me saute aux yeux. Je ne dis plus rien, seules mes larmes coulent.

Ma mère file. Dans la journée, elle fait toutes les démarches nécessaires pour tout résilier.

Le soir, elle appelle Jamel. Bien sûr, elle tombe sur son répondeur :

— Vous, vous avez plutôt intérêt à vous manifester si vous n'avez vraiment rien à voir avec tout ça !

Il ne rappellera jamais.

Mais je reçois un texto :

Tu comprends pourquoi il ne fallait rien dire à ta famille. Voilà, ils m'accusent alors que je n'ai rien fait. Je suis au chevet de ma mère mourante...

Je suis plus perdue que jamais. Qui croire ? Jamel ? Ma mère ? Je repense à ce mot que Jamel a employé à mon sujet : *mahboula.* Suis-je en train de devenir folle ?

Les jours passent et toujours aucune nouvelle de Jamel.

Les visites s'enchaînent, tout le monde tente de me remonter le moral, mais je souffre atrocement.

Les médecins essayent tous les traitements possibles : oncologique, morphinique, antidépresseurs… bref, tout y passe, rien ne m'apaise. En plus, je ne cesse de perdre du poids puisque je vomis ; je fais aussi des malaises à répétition. Je suis dans un ascenseur émotionnel qui me transporte des pleurs à la colère dans un va-et-vient éreintant. Je fais de violentes crises de nerfs à répétition.

Pour ne rien arranger, je fais une allergie à la matière plastique du corset et à la transpiration qui s'y accumule. Je ne supporte plus ce maudit instrument de torture qui m'enserre depuis le bas du ventre jusqu'au cou. Une barre maintient la partie dorsale et une sorte de casque me tient la tête. En plus, je sens mauvais puisqu'on ne peut pas me laver, sauf le bas du corps et sous les bras. Je souffre aussi d'une infection vaginale causée par les sondes urinaires qu'on m'a posées lors de mon opération.

Ce qui pourrait sembler un détail me fait sombrer dans la déprime : une énorme infection à un orteil, qui est comme la goutte d'eau faisant déborder le vase.

Tous les soirs, dès que maman me quitte, je pleure sans retenue. Je ne dors plus.

Un soir, vers vingt et une heures, on frappe à la porte de ma chambre d'hôpital. C'est Greg ! Je suis très heureuse de le voir. Il vient tout juste d'apprendre ce qui m'est arrivé. Sa visite me remonte un peu le moral. Il ne reste pas longtemps pour ne pas me fatiguer. Il est à peine parti qu'on frappe de nouveau.

C'est sûrement maman ou Grégory.

Et non, perdu !

Mes yeux s'écarquillent. C'est lui, c'est Jamel, qui disparaît presque entièrement derrière un énorme bouquet de roses rouges.

Je jubile.

Voilà, maman avait tort ! Il m'aime et bien sûr qu'il n'a rien à se reprocher !

Mais en une seconde à peine, tout change dans ma tête. J'hésite.

Est-il là pour finir le travail ? Est-ce qu'il va me tuer ?

Il s'approche de moi, les yeux pleins de larmes, et se jette sur mon lit.

— Julie ! Comme je suis heureux de te voir ! Je t'aime ! Je m'excuse de tout ça, c'est un affreux malentendu… J'expliquerai tout demain à tes parents.

Il essuie ses larmes.

— Je ne fais que pleurer depuis que j'ai quitté Marrakech.

Une forte émotion me saisit et je fonds en larmes. Je pleure de bonheur, je pleure de soulagement, je pleure de rage contre moi-même qui ai failli croire mes parents. Qui ai failli les laisser détruire l'amour de ma vie.

Nous discutons, nous rigolons… Je suis bien en sa présence. Tout est de nouveau comme avant.

Enfin, Jamel me donne un carnet à couverture rigide.

— Je t'ai apporté mon livret de famille pour que tu puisses le montrer à ta mère qui ne croit pas à l'histoire de ma femme décédée.

Je suis un peu embarrassée. Effectivement, je lui

avais dit une fois en passant que ma mère mettait même cela en doute. Je suis gênée qu'il se croie obligé de m'apporter cette preuve. Mais lui rigole, comme si c'était un détail. Il prend l'accent « blédard » et me lance :

— En fait, je l'ai tuée, car elle en savait trop !

Il s'approche de moi et ajoute, l'air menaçant :

— D'ailleurs, si toi tu parles, je te tuerai aussi…en commençant par ta famille.

J'éclate de rire. Il se penche vers moi et m'embrasse sur le front.

Après une bonne heure à discuter et à rigoler, Jamel me dit :

— Bon, je vais y aller, ma mère a besoin de moi ! Je ne veux pas perdre la femme que j'aime. Tu montreras bien mon livret à ta mère ?

Il me serre fort dans ses bras et ajoute d'une voix douce :

— Je t'aime mon diamant. À demain.

Je m'endors paisiblement, comme si sa présence avait effacé toutes mes douleurs… C'est un magicien, un vrai un magicien de l'amour.

Ma mère entre dans ma chambre au moment où j'ouvre les yeux. Il est à peine neuf heures du matin. Pour une fois, j'ai bien dormi ! Elle remarque l'énorme bouquet ; je n'ai pas le temps de lui expliquer qu'elle comprend tout de suite… L'intuition d'une mère.

Je la regarde, triomphante :

— Tu vois, j'avais raison de ne pas te croire… Il est venu hier.

En une poignée de seconde, le bouquet s'envole jusqu'à la poubelle.

Sa réaction m'offusque. Je m'énerve, elle s'énerve et naît une terrible dispute. Elle sort de la chambre en claquant la porte. Je l'entends qui explique à ma sœur, qu'elle a croisée dans le couloir, qu'il faudrait me taper le cerveau pour me le remettre à l'endroit !

Ma sœur rentre dans la chambre et fait mine de me comprendre. En fait, elle a décidé d'employer une manière plus douce pour me ramener à la réalité. Elle veut que je me rende compte par moi-même que Jamel me manipule. Elle me convainc de téléphoner en sa présence à Jamel pour qu'il confirme qu'il va bien revenir aujourd'hui… Bien sûr, il ne viendra pas. Ni le matin, ni le soir, ni le lendemain.

J'essaie jour après jour, nuit après nuit de le joindre, mais sans succès. Même ma mère lui laissera des messages, mais il ne la rappellera jamais.

Je replonge dans une dépression. J'en veux à ma mère.

Enfin, je reçois un texto :

Ta mère est méchante ! Elle dit savoir que j'ai voulu te tuer, je souffre, car je t'aime, mais tu vois pourquoi il ne fallait pas parler de moi. Tu vois, un Arabe n'est jamais accepté chez les Français, c'est donc mieux que tu m'oublies !

Je m'énerve, car il me parle même du père de mes filles en me disant :

Tu as revu ton ex, je suis sûr que vous avez couché ensemble !

Je lui réponds ironiquement :

Je suis peut-être enceinte ? Je ne sais pas…

En fait, j'ai juste revu mon ex pendant une heure en présence de mes filles. Je voulais qu'elles renouent des liens avec leur père car elles pleuraient et voulaient le voir. Comme le message de Jamel me blessait, j'ai voulu le toucher en retour, le provoquer pour qu'il vienne. Au procès, je devrai me justifier par rapport à ce texto ; car dans le dossier judiciaire il n'y avait aucun texto de Jamel, uniquement les miens.

Il m'envoie un dernier message avec écrit :

Je t'aime.

Et puis, plus de nouvelles. Il fait le mort.

***

Les jours passent ; je suis censée aller au centre de rééducation de Garches. Mais un problème survient, encore une fois il n'y a plus de place. Branle-bas de combat, les médecins et les chirurgiens font jouer leurs relations, en vain… L'hôpital d'Arpajon refuse ma sortie, sauf si je rentre chez mes parents en lit médicalisé.

Ni une, ni deux, je sors ! Direction chez mes parents. Leur salon se transforme en chambre d'hôpital. Mes filles sont toujours chez ma sœur. Elles y resteront quatre mois durant lesquels ma sœur s'occupera d'elles comme de ses propres enfants, essayant de les réconforter au maximum.

Je m'efforce de tenir, de vivre… Je suis en mode inerte ! Comment trouver le courage lorsqu'à vingt-six ans, on devient totalement dépendante ? Je ne dors quasiment plus ; je suis sous morphine en permanence. Il arrive même aux médecins de se déplacer à trois heures du matin pour me faire des injections censées calmer mes douleurs…

Tous les jours, je fais une séance de kinésithérapie d'une heure avec Catherine. Elle est pour moi comme une maman : elle me voit souffrir, pleurer et dépérir à petit feu. Elle s'aperçoit rapidement que mes pieds sont en « canard ». Il s'agit d'un signe de régression qui traduit l'échec de l'opération. Je ne fais que pleurer et vomir à cause de la morphine. Et comme si cela n'était pas suffisant, voilà qu'une constipation terrible vient s'ajouter au tableau… Elle serait due aux opérations – on appelle ça le syndrome pyramidal.

Un soir, je pète un plomb et hurle à ma mère :

— Emmène-moi à *Coco Island*, je vais chercher les clés.

Elle est furieuse :

— Mais tu es dingue ! Tu as été opérée il n'y a pas trois semaines… Tu ne peux pas marcher, prendre la voiture serait du suicide… Si jamais tu bouges, ta greffe peut aussi bouger.

Elle essaie par tous moyens de me protéger, de me dissuader, telle une mère courage. Mais je me mets à hurler, à pleurer. *Je ne peux pas admettre que tout a été feint, qu'il m'a dupée. On ne peut pas simuler l'amour avec cette virtuosité ? Si ?*

Je tente de forcer le passage pour sortir. Je vais même jusqu'à dire à ma mère :

— Je l'aime, il a le droit de faire de moi ce qu'il veut ! Il a le droit de me tuer !

Ma mère comprend que je suis prête à tout. Rien ne me fera renoncer. Alors, elle appelle ma sœur. Toutes les deux me portent et m'installent le plus délicatement du monde dans le véhicule de ma mère qui conduira. Nous voilà prêtes à partir, direction *Coco Island.* Mon père pose sur moi des yeux qui en disent long : il est fou d'inquiétude. Malgré cela, il me laisse partir, il a conscience que c'est le seul moyen que j'ai d'avancer. Il sait qu'il faut que j'en passe par là pour accepter de voir le vrai visage de Jamel Leulmi.

Sur la route, j'appelle Jamel, et bien évidemment, je tombe sur son répondeur… Je laisse un message : « J'arrive et tu as intérêt d'être là pour me rendre les clefs. »

Seulement cinq kilomètres nous séparent de *Coco Island*, mais impossible de dépasser les dix kilomètres heure. Ma mère prend le plus de précautions possible ; elle transpire, elle a peur car elle sait que le moindre choc peut m'être fatal. Enfin, nous arrivons sur le parking. Ma sœur descend pour ouvrir la porte de l'établissement et constate que c'est fermé. Elle revient tandis que je rappelle Jamel… Toujours sur répondeur ! Quelques instants après, je reçois un texto de lui :

Tu es où ? J'arrive.

On attend dans la voiture.

Quelques minutes passent… Soudain, un bruit de moteur, des phares. *Le voilà !*

Mais c'est un fourgon de la gendarmerie qui vient se garer à côté de notre voiture. Un homme en descend, qui s'approche de notre véhicule. Il éclaire l'intérieur de la voiture avec sa torche. Ma mère baisse la vitre :

— Bonsoir, c'est la gendarmerie, vous attendez quelqu'un ?

— J'attends mon ex, je suis venu chercher les clés de chez moi.

— Ah OK, et c'est tout ?

— Oui, pourquoi ?

— On a été appelés. Quelqu'un essayait de défoncer la porte pour rentrer.

Ma mère s'énerve :

— On est trois femmes et ma fille ne peut pas bouger.

Gentiment, il répond :

— Je suis désolé pour votre état, mais j'interviens suite à un appel.

Comme par miracle, Jamel arrive en Smart. Il descend de sa voiture et serre la main des gendarmes. Je le regarde, ma pression sanguine monte… Je lui hurle de me redonner mes clés.

Jamel agite les clés, qu'il a d'ailleurs sur lui et me les donne :

— Tiens !

J'ajoute :

— Je ne compte pas en rester là !

En m'adressant au gendarme, je dis :

— Vous voyez mon état Monsieur. C'est lui, il a tenté de me tuer ! Je vais porter plainte dès que j'irai mieux.

Le gendarme baisse la tête. La situation le dépasse.

Ma mère tente de me calmer :

— Allez, on y va !

— Enfoiré d'assassin !

J'apprendrai des années plus tard qu'il a fait entrer les gendarmes dans *Coco Island* en leur disant que j'étais une « ex » complètement folle. Et aussi, qu'il leur a proposé du café et du pop-corn.

***

Cette fois, je coupe les ponts avec Jamel. Je suis remontée à bloc, bien décidée à déposer plainte contre lui pour tentative de meurtre, manipulation, abus de confiance et escroquerie. Mes parents sont contre le fait de me lancer dans une procédure judiciaire tout de suite… Ils estiment que mon rétablissement l'emporte sur tout le reste.

J'avance : j'ai récupéré les clés de chez moi, j'ai enfin ouvert les yeux sur lui. Mais, dans le fond, je garde une part de naïveté.

***

Je me rends un matin à l'hôpital Beaujon pour une visite avec le docteur Dorick qui a enfin pu consulter mon dossier. Comme toujours, je m'y rends en ambulance dans ma coquille. Il veut me voir physiquement avant de prendre une quelconque décision concernant ma greffe.

En rentrant chez moi, le téléphone sonne, je décroche. C'est le docteur Dorick :

— Vous allez être opérée dès demain ; la greffe n'a pas fonctionné ; il faut opérer, c'est une véritable urgence, c'est même vital.

Je raccroche !

Mais quand tout cela va-t-il s'arrêter ?

Je me mets à pleurer, j'ai peur. J'appréhende le bloc opératoire. Et puis, c'est une opération lourde. Il s'agit de retirer la plaque de maintien posée sur le côté antérieur de mon cou afin d'en poser deux en titane sur la face postérieure, autrement dit sur la nuque. Apparemment, lors de la première opération, la plaque a été mal posée… L'opération est d'autant plus délicate qu'il faut refermer la plaie à l'avant et me manipuler pour me basculer dans l'autre sens afin de poser les nouvelles plaques en titane le long de la colonne vertébrale, fixées par cinq vis. L'opération est bien plus lourde que celle du Maroc et tout aussi risquée pour ma vie.

D'un côté, j'ai confiance en ce médecin qui est extraordinairement gentil et accessible, de l'autre je suis terrifiée par l'idée de repasser sur le billard ! Mais, il faut en finir et sans cette opération je n'ai pas d'avenir. Je remets ma vie entre les mains du docteur Dorick… et celles de Dieu, une nouvelle fois.

Nous sommes le 1er février 2010.

Ma valise est prête… C'est ma mère qui prépare mes affaires avec le strict minimum étant donné que je ne peux toujours pas me déplacer ou me débrouiller toute seule… Je n'emporte que des vêtements pratiques et faciles à enfiler… À mille lieues de la « femme coquette » que j'étais. Donc, pas de maquillage, pas de bijoux, pas de jupe, rien qui me rendrait plus présentable. Je suis devenue un pantin, qu'on habille et qu'on déshabille.

Arrivée à bon port, le docteur Dorick vient me voir dans ma chambre. Il s'assoit sur mon lit, et me dit :

— Je ne suis que médecin, je vais faire tout ce que je peux pour vous opérer de mon mieux, mais sachez que vos lésions sont très graves. Vous avez de très fortes chances de ne pas ressortir du bloc indemne.

Le verdict fait mal, même très mal. Je retiens mes larmes !

— Sauvez-moi !

— Même si je vous sauve la vie, vous risquez de rester paralysée.

Je sens tout en moi se décomposer… Je m'effondre… Je ne peux plus parler… Seuls mes sanglots se font entendre.

Après un dernier regard adressé à mes parents, je me dirige vers le bloc la mort dans l'âme.

— Adieu, et surtout occupez-vous des filles !

Mon père me répond, avec un gentil sourire :

— Tu vas t'en sortir parce que tu es une *warrior*.

Ils m'envoient tous deux des baisers mouillés de larmes.

Une porte se referme… Je suis dans la salle d'opération. Surgit en moi une immense colère, une rage venant du fond de mes tripes. J'ai envie de hurler. C'est à partir de cet instant précis que je commence à prendre conscience des choses. Mon cœur est en colère, ivre de tristesse. Je suis au pied du mur, prête à faire face à l'opération de la dernière chance, et l'homme que j'aime n'est même pas là pour me soutenir. Dans ce bloc sans vie et sans âme, j'ai froid et j'ai peur. Je demande au docteur Dorick :

— Tenez-moi la main pour m'endormir, s'il vous plaît, j'ai peur de mourir…

Il le fait volontiers, et pendant un instant je suis bien. Je prie puisque c'est mon unique arme contre la mort.

J'ai tellement froid que ce gentil docteur place une couverture chauffante en plastique. Elle est gonflée d'air chaud tandis que je suis transie de froid et tremblante de peur… En me tenant la main, il me dit :

— Ne vous inquiétez pas.

Je le regarde droit dans les yeux. Le décompte commence : *dix, neuf, huit*… j'ai envie de vomir, je me sens mal ; je sens une vague de fatigue m'envahir, *sept*, mes paupières se ferment.

L'opération dure des heures et des heures. Ils m'ont ouverte dans le cou, au niveau de la première cicatrice. Ils ont retiré la plaque mal fixée puisqu'elle bougeait… Et ont découvert une grosse infection ! Du coup, il était impossible de poser une nouvelle plaque en titane, c'était trop abîmé… Alors, ils ont refermé et ont repris une deuxième partie d'os de ma hanche pour la greffer sur les deux cervicales qui ont été cassées au cours de l'agression. Il y a, sur ma nuque, une cicatrice de vingt centimètres masquant deux plaques et cinq vis de plus de six centimètres chacune.

Je ne me souviens que du réveil avec cet énorme tuyau dans la gorge, j'ai l'impression d'étouffer.

On me ramène dans ma chambre, je suis dans le coltard ! J'entends la voix de mes parents et aussitôt je suis apaisée. Je réalise enfin que je suis toujours en vie, mais dans quel état ? Ça, je ne le sais pas encore. Mes parents prennent ma main, ils me disent qu'ils m'aiment et qu'ils sont fiers de moi. Ces mots me touchent et me galvanisent.

En salle de réveil, l'infirmier me demande :

— Est-ce que je peux vous injecter de la morphine ?

Je lui hurle :

— Non, je suis une *warrior* !

Mes parents éclatent de rire.

Je retombe dans un profond sommeil.

Le lendemain, j'ouvre les yeux. Ma paupière gauche se lève impeccablement, mais la droite reste quasiment fermée. Je n'ai pas le moral.

Ce n'est pas normal !

J'essaie de toutes mes forces, mais l'œil ne s'ouvre pas... Il ne bouge pas. Mes parents exigent qu'un spécialiste vienne m'ausculter. Quatre ophtalmologistes défilent à mon chevet. L'un d'entre eux est catégorique :

— Le chirurgien a dû sectionner le nerf qui tient la

paupière droite lors de l'opération… Cela s'appelle le syndrome Claude Bernard-Horner.

Je sais que je devrai subir, un jour, une chirurgie réparatrice de la paupière afin qu'elle retrouve sa mobilité. Elle tombe encore aujourd'hui quand je suis fatiguée, c'est gênant et surtout, ça me complexe énormément.

Dans ma chambre, on doit faire face à un autre problème : mon corset a disparu ! On le cherche, sans succès.

C'est alors que l'aide-soignante entre dans ma chambre pour effectuer ma toilette quotidienne. Mais, après une opération aussi lourde, il ne fallait surtout pas me bouger. Il ne fallait donc pas me laver, c'était trop risqué. Je l'en informe, mais elle ne veut rien entendre. Elle n'a même pas mon dossier médical. Elle commence la toilette, me manipule, me tourne et me retourne dans le lit. La douleur me fait pleurer de désespoir.

— Laissez-moi tranquille, je vous en prie ! Ma mère va venir me laver…

— Arrêtez votre cinéma, me répond-elle d'un ton sec.

Quand cette épreuve est enfin terminée, je m'endors, pleine de souffrance et de colère.

De son côté, le docteur Dorick retourne le service hospitalier pour retrouver le corset. Le personnel de l'hôpital pensait ne plus en avoir besoin après l'intervention, si bien que quelqu'un l'avait jeté à la poubelle ! Enfin, on remet la main dessus.

Je reste hospitalisée dix jours.

Lorsque je rentre chez mes parents, c'est toujours en ambulance ; dans cette fameuse coquille pour que je ne bouge pas. Je porte toujours le corset sous cette coquille…

L'opération a été un succès et je commence à marcher, doucement je reprends possession de mon corps. Les séances de kiné sont extrêmement difficiles, car je dois rester immobile le plus possible. Je fais donc des exercices allongée dans mon lit.

Les jours passent, je souffre un peu moins et c'est déjà une petite victoire…

Le 14 février, je vomis du sang. Je ne suis pas allée aux toilettes depuis près de trois semaines. J'ai l'impression de mourir sous l'assaut des crampes. Chaque fois que je vais aux toilettes, c'est pour y rester des heures sans jamais réussir à évacuer quoi que ce soit alors je pleure. Ma mère s'inquiète que mon état perdure de la sorte. Elle me fait prendre des laxatifs masqués dans de la compote ou dans d'autres produits alimentaires, mais rien ne marche. Pas même les régimes à base de légumes.

Avec ma sœur, elles me conduisent aux urgences. Grâce à une radiographie, les médecins s'aperçoivent que je souffre d'une occlusion intestinale. Le médecin m'explique qu'il va tenter un ultime lavement et que si rien n'y fait, ce sera le bloc… Miracle, ça a marché !

Par la suite, j'ai des rendez-vous réguliers à Beaujon J'y vais toujours en ambulance. À chaque fois, c'est le même supplice : IRM, scanner, radios.

Voilà déjà quatre mois que je porte ce maudit corset et aujourd'hui, le docteur Dorick m'annonce une grande nouvelle : je peux l'enlever dans la journée, mais je dois le garder pour dormir.

Je n'ai toujours pas le droit de conduire mais c'est déjà une victoire !

Dès mon retour, j'essaye d'enlever le maudit corset… Enfin, je vais mettre un terme à cette armure pendant la journée. Mais, cela ne se passe pas comme prévu… Du moins comme je l'aurai imaginé. Je fonds en larmes ! Je ne veux plus le retirer, je m'y suis habituée. Désormais, il fait partie de moi et sans lui, je me sens toute nue, à découvert, désarmée. Non, je n'y arrive pas ! Il n'y a rien à faire. C'est une sensation impressionnante que d'être dans ce corset, mais j'ai l'impression d'y être protégée.

Il me faut plus d'une semaine pour retirer mon armure.

12

Je porte plainte

Je sais que Jamel est coupable. J'ai besoin de connaître la vérité.

Un matin, je me présente au commissariat de police pour déposer plainte.

Le policier qui me reçoit lève un regard fatigué vers moi :

— On ne dépose pas de plainte sans preuve et encore moins quand les faits se sont déroulés à l'étranger.

Je repars dépitée, avec l'envie de baisser les bras.

Un soir, au début du mois de juin, une ancienne voisine et la belle-sœur de Jamel Leulmi débarquent chez moi. En voyant à quoi je ressemble désormais, elles sont choquées. Sa belle-sœur m'avoue même avoir eu une relation extraconjugale avec Jamel. Elle m'assure de son soutien dans toutes mes démarches à venir.

Le lendemain, je me rends chez Catherine, ma kiné. En quittant mon appartement, je claque la porte sans la verrouiller.

Mais, à mon retour, je constate qu'elle est fermée à double tour.

Comment est-ce possible ?

J'ouvre la porte. Je prends mon courage à deux mains et j'entre. Tous mes vêtements gisent sur le sol. Je n'y comprends pas grand-chose. Mon premier réflexe est de téléphoner à mon père

— C'est toi qui es venu chez moi ?

— Bien sûr que non !

Je lui explique rapidement la situation. En raccrochant, j'appelle Jamel qui, pour une fois, décroche aussitôt. Je lui balance tout ce qui me passe par la tête :

— Tu te souviens m'avoir demandé de regarder le film *Léon* ? À moi maintenant d'être drôle : as-tu vu le film *Seven* ?

— Oui, me répond-il en rigolant.

— Je te réserve le même sort… Je vais te tuer et envoyer ta tête à ta mère en Colissimo. J'ai tout découvert et maintenant je vais déposer plainte pour tentative de meurtre.

Il se marre :

— Tu es folle ; personne ne te croira. Je suis intouchable, je n'irai jamais en prison.

Il ajoute calmement, d'une voix étonnamment posée :

— Je t'aime ! Tu es toute ma vie. J'arrive mon bébé, il est temps qu'on s'explique tous les deux !

Je connais ce ton enjôleur. Mais je suis forte maintenant. Je suis une *warrior.*

— Tu ne m'approches plus jamais de ta vie, Jamel. La prochaine fois qu'on se verra, ça sera au tribunal.

Et je lui raccroche au nez.

Exit Julie l'amoureuse, Julie l'arrangeante, Julie l'innocente. Je regarde dans le miroir de l'entrée la nouvelle Julie qui vient de naître. Je porte la nouvelle armure que le docteur Dorick m'a prescrite : une minerve rigide avec une mentonnière très inconfortable, tout en cuir – le parfait accessoire pour parfaire le côté nymphomane que les avocats de Leulmi m'attribueront !

J'appelle la gendarmerie, j'explique que je dois déposer une plainte pour cambriolage sans effraction, tentative de meurtre, manipulation, abus de confiance et escroquerie. La gendarme me propose de me recevoir sans vraiment être convaincue de l'histoire tellement elle semble sortie tout droit d'une mauvaise série télé.

Je me rends donc à la gendarmerie, raconte mon histoire dans ses grandes lignes pendant quatre heures avant de rentrer chez moi…

Le lendemain, je suis convoquée. J'apprends que la gendarmerie locale est dessaisie du dossier ; que la brigade de recherche d'intervention de Paris va prendre le relais. On m'explique que l'affaire est prise très au sérieux. Les enquêteurs ont gardé le livret de famille de Jamel que je leur ai fourni la veille et ils comptent bien rouvrir le dossier de Kathlyn.

Quelques jours plus tard, nouvelle convocation. Un gendarme me reçoit gentiment dans son bureau pour un entretien qui dure des heures. Il tape sur son clavier sans relâche, le pauvre. Je lui explique même l'histoire des lettres que Jamel m'a demandé d'écrire. Je ne savais pas que Leulmi les avait gardés et qu'il s'en servirait contre moi. Le gendarme saisit mon ordinateur et me demande les contrats d'assurance.

— Pas de problème : je fais un aller-retour chez moi et je vous les apporte.

Ce n'est qu'une fois à l'appartement que je comprends ce que Jamel était venu chercher le jour du cambriolage. Les contrats ont disparu ! Mon caméscope s'est envolé également. Pas étonnant : j'avais assuré à Jamel que je l'avais filmé au Maroc et que, par conséquent, j'avais des preuves contre lui. Bien sûr, ceci était faux, mais lui y avait manifestement cru. Suffisamment en tout cas pour tenter de faire disparaître une preuve. Mon livret de famille, lui aussi, a disparu.

Quelques jours après, mon caméscope réapparaîtra dans ma boîte à lettres. Mais, sans la cassette ! Mon caméscope sera saisi et mis sous scellés et je ne le récupérerai jamais.

Le gendarme me rappelle quelques jours plus tard pour me dire que mon ordinateur a été réinitialisé ce qui a tout effacé. Jamel est déjà passé par là…

Lors du premier procès, j'apprendrai que Jamel a fait, depuis mon ordinateur, une capture d'écran d'un des contrats d'assurance le 22 décembre. À cette date, j'étais encore au Maroc et lui venait tout juste de revenir en France… Une preuve qui sera fatale à son système de défense en démontrant qu'il est venu chez moi, qui plus est à mon insu.

En attendant, je ne perds pas espoir et contacte toutes les agences pour obtenir des duplicatas des contrats. Mes interlocuteurs se montrent tous adorables et incroyablement compréhensifs. Ils me font parvenir les documents très rapidement – documents que je m'empresse de présenter à la gendarmerie. Et on m'annonce qu'il s'agit d'une affaire criminelle qui sera jugée à la cour d'assises.

— Vous allez devoir vite prendre un avocat !

Un ami de confiance me conseille de m'adresser à Maître Caty Richard.

C'est le début d'une longue, très longue procédure judiciaire.

***

Le matin du 5 août 2010, je me rends chez un nouvel ostéopathe. Alors que la voiture est à peine garée, mon téléphone se met sonner. Au bout du fil, le gendarme qui m'a auditionnée :

— Jamel a été arrêté et il est actuellement en garde à vue. Il va être mis en détention provisoire.

Je fonds en larmes.

— Ça y est... ça... y est !

J'ai l'impression de respirer pour la première fois depuis des mois.

L'inspecteur ajoute :

— Il faut que je vous prévienne. Les grosses affaires fuitent du parquet et les médias s'en emparent assez vite. Il va falloir être forte : le plus dur reste à venir.

J'étais loin, très loin d'imaginer tout ce que j'allais devoir endurer.

L'énorme machine judiciaire est en tout cas lancée. J'appelle Maître Caty Richard pour obtenir un rendez-vous. Je veux que ce soit une femme qui me défende. Je suis persuadée qu'elle pourra mieux comprendre mon histoire. À une femme, je pourrai tout narrer sans pudeur.

Maître Richard m'explique lors de notre premier entretien que la procédure ne durera pas moins de deux ans, et sans doute beaucoup plus.

Je suis dépitée. Finalement, ça sera plus de quatre.

Pendant le courant de l'été 2010, je pars en vacances avec mes parents. L'affaire paraît dans les médias et ça devient invivable : mon téléphone sonne toute la journée. Quand je lis certains articles de presse ou que je vois certains reportages télévisés, je ne peux m'empêcher d'être énervée. Dans ces cas-là, je téléphone à mon avocate pour trouver une solution et nous acceptons de participer à certaines émissions afin de recadrer la vérité. L'émission *7 à 8* par exemple n'a pas travaillé correctement, ils ont préféré dire n'importe quoi, sont allés jusqu'à me traiter de menteuse... Simplement parce que je ne voulais rien révéler du dossier judiciaire, contrairement à la défense qui a communiqué, entre autres, et hors contexte, mes lettres, mes textos... Tout est bon pour me salir, me décrédibiliser afin d'innocenter son client. Les journalistes cachent certaines informations, ne disant pas par exemple que l'avocat de Leulmi est bien plus pour lui. Ils ne disent pas non plus que c'est un habitué d'un club échangiste de Pigalle, qui a plusieurs histoires bien noires derrière lui. Ils fouillent dans mon passé, allant jusqu'à chercher mes ex, notamment le père de mes filles. Afin de le pousser à témoigner contre moi, ils lui racontent que je l'accuse d'attouchements sur les enfants. Ces gens sont atroces.

13

Des avocats et des hôpitaux

Le 23 mars 2011, à treize heures trente, a lieu la première confrontation entre Leulmi et moi. Ça me fait bizarre de revoir celui que j'ai aimé dans ces circonstances.

Comment ai-je pu aimer un mec comme ça ?

Dans le petit bureau du juge, l'ambiance est froide. En plus de Jamel et de ses avocats, il y a Caty, trois policiers, la greffière et deux juges. Son avocat m'attaque, Leulmi essaye de me déstabiliser… Et, je finis par craquer ; je fonds en larmes lorsqu'il ose dire :

— Mais elle n'a rien du tout ; elle a eu un vulgaire coup du lapin. Ce n'est rien !

Un expert expliquera au cours du procès que pour briser les vertèbres, il faut maintenir les bras en croix du côté opposé à la tête et frapper fort au niveau des cervicales… Ce qui est la description exacte de mon agression. Attachée par la ceinture de sécurité, sans moyen de défense, il avait bloqué ma tête dans le volant.

Je prie pour que les juges voient clair dans son jeu. Heureusement, ces derniers le rappellent à l'ordre plus d'une fois. La journée est interminable : l'audition se terminera après vingt et une heures.

La juge a été très gentille en me proposant à plusieurs reprises des pauses, que je refuse :

— Je préfère prendre sur moi, je ne lui ferai pas le plaisir de me revoir.

Je puise en moi toutes les forces dont j'avais besoin pour ne pas craquer. Malgré tout, je suis très éprouvée physiquement. Vers la fin de la confrontation, la juge me présente des clichés provenant du portable de Jamel ; j'y découvre des photos de charme échangées entre Jamel et son avocat. Le juge me demande mon avis, je lui dis que cet avocat fait honte au barreau, mais ce dernier semble très fier, il pense être doté d'un beau corps. Mais où sommes-nous ? Jamel devient noir de colère ! Pourquoi s'énerve-t-il ? C'est lui qui a demandé à faire expertiser son portable pour me salir. Tant pis pour lui si, une nouvelle fois, tout ça se retourne contre lui !

En partant, Leulmi, entre deux gendarmes, croise mes parents. Avec un sourire narquois, provocateur, il leur lance :

— Tiens, bonjour !

Je tente, tant bien que mal, de les calmer : Jamel cherche juste à nous mettre en porte à faux vis-à-vis des juges pour que ces derniers nous prennent pour des fous incapables de nous contenir.

Leulmi, la guerre est déclarée !

En parallèle, je mène un autre combat. Je veux qu'on me retire les plaques et les vis qui me torturent et que je sens bouger à chaque mouvement. Le docteur Dorick n'en revient pas lorsque je lui prends la main pour la poser sur l'emplacement exact des cinq vis :

— Normalement, vous ne devriez pas les sentir !

Plusieurs examens semblent prouver qu'en un an, la greffe a très bien pris. On devrait donc pouvoir opérer… Mais, coup de massue : le docteur Dorick, considérant qu'il y a trop de risques, refuse de pratiquer l'intervention.

Alors moi, plus têtue qu'une mule :

— Est-ce que je risque ma vie en les retirant ?

— Non.

— Alors, s'il faut que j'aille aux États-Unis pour me les faire retirer, j'irai !

Il me donne le nom du chef de service, le docteur Quéneck. Sans attendre, je prends un rendez-vous. Je lui explique mon souhait. Après avoir examiné mon dossier, il accepte de pratiquer l'intervention.

L'opération se déroule le 11 avril 2011. Chose incroyable, deux heures après être sortie du bloc, perfusions dans le bras, je sors de mon lit et m'en vais marcher dans le couloir.

Dès le lendemain, suite à ma demande, le médecin m'autorise à sortir. Vite, je rentre chez moi ! Je ne sens plus ces maudites plaques ni les vis. Ma convalescence se passe très bien ; les fils font leur travail et les cicatrices guérissent, même si elles ne sont pas très esthétiques. On me propose de les refaire, mais pas avant deux ans.

À présent que je suis sortie d'affaire, je réapprends la vie de maman.

Un jour je trouverai l'amour, mais, pour le moment, j'ai bien d'autres préoccupations !

Je vois des amis, je sors, j'essaye de reprendre une vie normale, malgré mes douleurs, mes angoisses, mes cauchemars.

Dans le courant de l'année 2012, ma cadette doit subir une lourde opération à son tour. Le chirurgien devra cautériser les collatérales qui apportent trop de sang à son nouveau cœur fraîchement opéré… Il faut donc les brûler pour éviter qu'elle ne se noie dans son propre sang. Il est hors de question que je ne sois pas là pour mon bébé. Déjà que je ne peux plus la porter à cause du handicap de mon bras droit ! Malgré l'interdiction de mon médecin, j'obtiens une chambre mère-enfant pour rester près de ma fille. Nous restons cinq jours et malgré mes douleurs, je suis fière d'être présente. Je peux remplir mon rôle de mère. Enfin ! Certes, je souffre, je pleure, mais je suis là.

Mes parents assurent comment toujours avec la grande.

Cinq jours plus tard, nous sortons. Ma fille est en pleine forme. Je suis aux anges. Dieu a, une fois de plus, posé sa main sur ma famille.

Leulmi et ses avocats se déchaînent. Ils réclament tout un tas d'expertises auxquelles je suis obligée de me soumettre : expert psychologue, psychiatre, puis expert pour prélever mes cheveux afin de voir s'il est vrai que j'ai été droguée pendant l'agression. Bien entendu, il est trop tard pour trouver quoi que ce soit. Ils m'accusent d'être « nymphomane » et « érotomane » !

Les experts excluent leurs thèses. Mais ils sollicitent des contre-expertises ! De nouveau, je dois répondre à des questions répugnantes. Par exemple :

— Avez-vous déjà imaginé coucher avec votre père ?

On épluche tout, depuis ma naissance jusqu'à l'ouverture de la procédure. Je dois déballer toute mon intimité. J'ai l'impression de subir une nouvelle agression. On me traite comme une coupable.

Tout cela prendra-t-il fin un jour ?

Un soir, en regardant un reportage à la télévision, je découvre une affaire plaidée avec succès par un certain Maître Dupont-Moretti.

Un homme avocat aux côtés de Caty, ce serait parfait... Un tandem de choc pour que Leulmi ne puisse duper personne, malgré sa cohorte d'avocats.

Avant d'en parler à Caty, je souhaite le rencontrer. J'ai toujours une totale confiance en elle, je ne veux pas la blesser.

Je prends un premier rendez-vous, un an à l'avance, avec Maître Dupont-Moretti que j'annulerai faute de ressources. Puis, un autre rendez-vous que son cabinet annulera, car il avait une urgence.

Les mois passent et, courant décembre, je reprends un rendez-vous. Cette fois-ci, aucune annulation. Un ami me conduit jusqu'à Douai. Je suis surprise, ce n'est pas Maître Dupont-Moretti qui me reçoit, mais sa collaboratrice, une certaine Maître Duhiege.

Ce n'est pas grave !

Durant plus de deux heures, je lui raconte le « gros » du dossier, mais lui donne aussi de nombreux détails puisqu'elle me pose plusieurs questions très précises…

Mon histoire l'intéresse.

Avant de partir, elle me dit :

— Je vois Maître Dupont-Moretti ce soir, mais pour moi, c'est OK… Il prendra votre dossier.

Je règle les honoraires tandis qu'elle me lance :

— À bientôt !

Pourtant, vers dix-sept heures, mon portable sonne. La voix de l'avocate, curieusement hésitante :

— Mademoiselle… Je suis désolée. Notre cabinet ne pourra pas défendre votre dossier.

— Mais… Pourquoi ? Que se passe-t-il ?

— Maître Dupont-Moretti défend Monsieur Leulmi. Il est son avocat depuis une semaine.

Je reste d'abord sans voix :

— Mais comment avez-vous pu me recevoir si vous êtes de son côté ?

Elle balbutie :

— Je… je n'étais pas au courant.

Elle me prend vraiment pour une imbécile ? Mon nom figurait depuis un an sur l'agenda de sa secrétaire et elle ose me dire qu'elle ne savait pas !

Je ne compte pas en rester là.

Un ami m'aide à écrire au bâtonnier de Lille ainsi qu'au procureur de la République afin de leur raconter l'abus dont j'ai été la victime. Je le pensais intègre, mais j'en suis revenue et le procès ne fera que renforcer mon mépris pour cet homme.

Il écrira au procureur que je savais qu'il était l'avocat de Leulmi, ce qui est totalement faux car il ne l'avait encore jamais assisté. Après de multiples courriers où je demande qu'il se retire du dossier, puisqu'il y a conflit d'intérêts, ma requête est refusée et Maître Dupont-Moretti défendra bien Leulmi.

Je ne baisse pas les bras, j'ai Caty avec moi.

14

Au-dessus des étoiles, Kathlyn

Pendant l'été 2010, un journaliste me propose de me mettre en relation avec la maman de Kathlyn. J'accepte, même si j'appréhende un peu cette rencontre : que lui dire ? Comment lui parler ?

Un matin, à dix heures, mon téléphone sonne, c'est elle ! On se parle pendant plus d'une heure. Je lui dis que j'aurais aimé me recueillir sur la tombe de sa fille, je savais alors qu'elle reposait dans un cimetière près de notre dernier lieu de vacances. Au fil de la conversation, je déplore le fait que sa fille ait été incinérée mais elle m'arrête dans mes mots :

— Incinérée ? Pas du tout… elle est enterrée. Pourquoi dites-vous cela ?

Dans sa voix, j'entends la colère.

— C'est Jamel qui m'a raconté cela. Il m'avait même dit que vous aviez demandé l'incinération de Kathlyn contre son gré.

Pourquoi m'a-t-il menti là-dessus aussi ?

Je lui fais une requête : j'aimerais, un jour, me recueillir sur la sépulture de sa fille. Elle accepte et me donne rendez-vous pour qu'on y aille ensemble. Un geste qui nous a bouleversés, mes parents et moi.

Plus tard, avec ma mère, nous décidons d'aller fleurir la tombe de Kathlyn. Nous sommes très émues au moment de nous recueillir sur la sépulture. *Moi aussi, je devais subir le même sort.* Je suis triste pour cette jeune femme si jolie, dont la douceur transparaît encore sur les photos.

J'ai appris par sa mère qu'après une semaine de coma, Kathlyn a succombé à ses blessures le 6 février 2007. L'« accident » a eu lieu au cœur de l'hiver, le 30 janvier. Ce soir-là, nous étions en voiture, le père de mes filles et moi. Pour rentrer à la maison, nous devions emprunter cette route non éclairée et très dangereuse. J'habitais Leudeville, le village se situant au bout de cette maudite route. *Un jour, il y aura un accident !*

Au loin, on aperçoit une file de voitures, des gyrophares, des gendarmes… On roule lentement. Notre fille dort paisiblement à l'arrière. Quand on arrive au niveau de l'accident, je ne peux m'empêcher de regarder la scène éclairée par les phares des voitures et les gyrophares des pompiers.

Là, dans le champ qui longe la route, les pompiers pratiquent un massage cardiaque sur un corps inerte. Toutes les lumières sont braquées sur une vie qui s'éteint. Mon souffle s'arrête, je pousse un cri avant de fondre en larmes.

Mais que m'arrive-t-il ?

Une fois à la maison, je me dispute avec mon homme. Il trouve mon comportement stupide et ne comprend pas ma réaction, qu'il juge démesurée.

Moi-même, je ne comprends pas vraiment… D'autant plus que ce n'était pas le premier accident de la route que je voyais. Une chose est sûre : ce spectacle morbide a trouvé écho en moi et m'a bouleversée.

C'était donc Kathlyn.

J'y vois du sens… J'aime à penser que Kathlyn m'a choisie pour lui rendre justice. À cet instant, nos destins se sont croisés pour s'emmêler.

Ça n'est pas une coïncidence.

Nous étions deux femmes qui attendions d'être aimées et heureuses. Nous voulions fonder une famille dans la tendresse. Toutes les deux, nous étions naïves, accordant notre amour et notre confiance sans concession. Jamel cherchait des jeunes femmes sensibles, un peu paumées et qui étaient à la recherche d'un prince. Il a joué avec nous et avec nos vies sans scrupule. Un jour, la maman de Kathlyn me montre l'alliance de sa fille. Elle est faite de deux anneaux séparables. À l'intérieur, gravé dans l'or, ces trois mots : « Chut, je t'aime ». Cette phrase, il me l'a répétée des centaines et des centaines de fois. Il a manipulé jusqu'à l'alliance. Il aura resservi la même rengaine d'une proie à l'autre !

Il n'a jamais vécu dans l'appartement de Kathlyn. Ils se sont mariés entre deux témoins, dont un qu'elle ne connaissait pas et, évidemment, aucune des familles n'a été conviée ni même mise au courant. Le soir du mariage, il n'y a pas eu de fête, pas de DJ, pas de pièce montée. Juste une simple pizza, sans dessert. Il n'a pas estimé que Kathlyn méritait mieux. Pauvre type.

Au moment du décès de Kathlyn, sa maman a cherché sa robe de mariée. Elle souhaitait que sa fille en soit revêtue dans son cercueil. Elle l'a cherchée partout. Impossible de mettre la main dessus, et pour cause : Jamel était allé jusqu'à louer la robe de mariage…

Il joue le veuf éploré, assiste à l'enterrement et, le soir, se fait inviter au restaurant par la famille de Kathlyn.

Kathlyn décède et lui doit empocher plus de deux millions d'euros. Cependant, une des compagnies d'assurances refuse de payer l'intégralité : elle ne croit pas à l'histoire de l'accident. Il ne touchera qu'un million deux cent mille euros. Le 11 juin 2010, le jour où je suis cambriolée, Jamel devait passer devant un juge pour des poursuites qu'il avait engagées contre la compagnie d'assurances afin de toucher l'intégralité de la somme stipulée par le contrat. Il ne s'est pas présenté à l'audience… Où était-il ?

Et pourquoi aucune poursuite n'avait été engagée contre lui lors du décès de Kathlyn ? Jamel a été très malin : il avait séduit l'enquêtrice responsable de l'enquête relative au décès de Kathlyn. Il l'invitait au restaurant, lui offrait des fleurs et venait même lui apporter des croissants à la gendarmerie… L'affaire a été classée en accident de la route.

Je repense alors à Céline, la prétendue meilleure amie de Kathlyn. Elle aussi était à l'enterrement, mais elle est restée à l'extérieur du cimetière. Étrange !

Céline et Jamel sont en fait bien plus qu'ils ne veulent l'avouer… Ils étaient pacsés avant que Jamel ne rencontre Kathlyn. Ensuite, à la mort de cette dernière, tous les deux se sont de nouveau pacsés et mariés religieusement en Algérie.

Nous apprendrons dans le cadre de la procédure que Jamel Leulmi avait acheté une grosse maison « avec » Kathlyn… Pour cet achat aussi, une assurance, prévoyant qu'en cas de décès de l'un des époux dans les sept jours suivant la signature de l'acte, la maison serait réputée intégralement payée et reviendrait à l'époux survivant. Kathlyn est morte à temps… le matin de son enterrement, il ira faire enregistrer son décès auprès de l'assurance.

J'ai compris que j'avais été entraînée au cœur d'une terrible machination. J'ai vu le vrai visage de Jamel Leulmi. Pourtant, je ne suis pas au bout de mes surprises : je vais bientôt découvrir l'existence d'une troisième proie de Jamel, Karine.

15

Début du procès

Le jour tant attendu arrive.

Nous sommes le 18 avril 2014, je sors tout juste d'une première intervention réparatrice de la hanche et du cou. L'opération a été effectuée par le docteur Alexandre Marchac, un chirurgien renommé de l'hôpital Georges-Pompidou. J'arrive au procès exténuée, alors que je dois tenir jusqu'à la fin du mois de mai. Les avocats de Leulmi ont fait citer trente-trois témoins de plus que prévu. Ce sont soixante-dix-sept témoins qui sont appelés par la défense, tandis que nous en avons fait citer deux. Les autres ont été choisis par l'accusé. Au cours de cet énorme procès, plus de cent trente témoins défileront à la barre.

Il est neuf heures, mes parents, mes amis, mes sœurs… ma famille de cœur est au complet pour me soutenir et nous partons tous pour le tribunal de grande instance d'Évry.

Nous y retrouvons Caty ainsi que Fatna que j'ai rencontrée sept jours plus tôt et qui est adorable. Fatna s'occupe des victimes auprès du tribunal de grande instance d'Évry. Le courant passe très bien. Caty est aux petits soins, elle me rassure comme elle peut. Mais mon appréhension est immense. Mon cousin Alexandre est là également, qui me servira de garde du corps pendant tout le procès.

Devant le tribunal, il y a foule. Des gens venus pour me soutenir, mais aussi des curieux, et puis beaucoup de journalistes. Je rentre par un accès réservé au personnel du tribunal afin d'éviter la bousculade.

Il est onze heures, la salle est pleine à craquer, du monde a été refusé. Les médias ont envahi la cour d'assises. Je me sens comme une bête épiée et traquée. Dans la foule, quelques personnes me sourient. L'une d'elles forme le mot « courage » avec les lèvres. Ça me rassure.

Je suis assise entre Caty et mes parents. Il y a plusieurs avocats de notre côté, mais je n'en connais aucun... Je me sens toute petite.

Une sonnerie retentit, Caty me fait alors signe de me lever, je m'exécute. Je reste droite et figée...

Une femme vêtue d'une robe rouge fait son entrée, elle est suivie par trois assesseurs, deux avocats généraux et deux greffiers : c'est la présidente. Tout le monde s'installe face à moi.

Je suis pétrifiée.

À ma gauche, les avocats de Leulmi me dévisagent, mais je garde la tête haute... Pour rien au monde je ne les laisserais deviner mon angoisse.

Derrière, dans ce boxe des accusés, *il* est là, entouré de policiers. Il n'ose pas affronter mon regard. *Parce que lui et moi, on sait…*

La juge nous demande de nous asseoir.

Ça y est, le procès débute par l'appel puis la sélection des jurés. Douze seront retenus, mais six seulement iront délibérer, les autres sont des « remplaçants ». Aujourd'hui, l'audience commencera à onze heures pour s'achever à dix-huit heures. Le procès se déroulera sur quatre semaines.

À midi démarre l'audition de Leulmi, qui durera plus de deux heures.

Il parle très doucement, choisit ses mots avec soin. Il se pose en victime, use de ses talents de comédien pour citer des détails de la procédure qui compte plus de dix-sept mille pages. Il sort le grand jeu pour charmer les juges.

À vingt heures, une enquêtrice de personnalité fait son rapport.

À vingt-deux heures, la sonnerie retentit et marque la fin de cette première journée. Nous sommes tous épuisés. Une petite mise au point rapide avec Caty, embrassade avec la famille de Kathlyn et direction mon appartement.

L'énorme poids qui m'oppressait vient de s'évanouir. Je suis apaisée.

Pour la première fois depuis cette fameuse nuit, je m'endors comme un bébé…

***

Le lendemain, le père et la mère de Leulmi passent à la barre. Leurs témoignages sont intéressants puisqu'ils vont, sans le vouloir, incriminer un peu plus leur fils. Ils n'étaient pas préparés à certaines questions et n'ont pas trouvé de mensonge crédible. Ils ont tapé à côté à chaque fois. J'ai beaucoup de compassion et de peine pour sa mère.

Ensuite, c'est au tour de sa sœur d'être auditionnée. Elle raconte avoir perdu l'alliance de son frère en voyage alors qu'il l'a toujours… Elle répond encore à côté à d'autres questions pièges, plongeant davantage son frère dans un gouffre sans fond. Au fil des témoignages, on apprendra que cette sœur est allée enquêter à Marrakech peu avant le procès…

Puis, Céline passe à la barre. Entre mensonges, arrogances et mesquineries, elle prétend pouvoir produire la preuve de l'innocence de Jamel : un ticket de pâtisserie d'un montant de deux euros prouvant, selon elle, qu'il n'était pas sur les lieux au moment de mon agression. Un ticket jamais produit au dossier, mais qu'elle possède depuis quatre ans. Tout le monde garde ses tickets de deux euros ! Évidemment !

Céline ne pleure pas, sauf au moment d'évoquer sa garde à vue. Elle parle aussi d'une fausse couche dans le bureau des juges d'instruction et dit être maintenant stérile. On lui présente les graves accusations, les faits atroces dont son homme est accusé, mais elle ne réagit pas. Elle se plaint en revanche des trente minutes de parloir qui lui sont accordées pour aller voir Jamel, insuffisantes selon elle. Comment peut-elle se comporter de la sorte ? Ne craint-elle pas pour sa propre vie ?

Non, elle n'est pas assez stupide pour souscrire à une assurance et tomber dans le piège.

Lorsqu'on lui demande son avis au sujet des photos à caractère pornographique sur lesquelles on voit Jamel, elle répond :

— Julie Derouette l'a fait aussi.

Je me ferai beaucoup attaquer sur ce point au cours du procès. À la barre, je raconterai le défi que m'avait lancé Jamel. Certes, j'ai été naïve. Mais cela a permis de démontrer sa force de manipulation sur des individus un peu faibles : grâce à ces lettres, ces textos et mes quatre malheureuses photos, il obtenait en effet des pièces maîtresses sur lesquelles la défense allait fondre.

On entend ensuite la gendarme qui s'est occupée du dossier de Kathlyn. Celle à qui Leulmi offrait des fleurs, des croissants. Celle qu'il invitait au restaurant alors qu'il venait tout juste d'enterrer sa femme.

Elle avoue devant la cour avoir été séduite et charmée par Jamel.

Sur son siège, la maman de Kathlyn bout de rage. Si cette femme avait fait son travail correctement, Leulmi serait derrière les barreaux depuis longtemps. D'autant que la mère de Kathlyn lui avait confié ses doutes : pour elle, Jamel y était pour quelque chose. La gendarme s'était contentée de répondre :

— Vous avez intérêt d'arrêter de faire obstruction au dossier sous peine de poursuites.

La maman de Kathlyn attend des excuses, des regrets, des remords, de la compassion… Elle n'aura rien de tout ça. Mais ce témoignage apporte une nouvelle preuve de la force de manipulation de Leulmi.

Les témoignages suivants sont troublants. Un pompier, une infirmière de réanimation du Kremlin-Bicêtre et un gendarme attestent tous le caractère étrange du comportement de Leulmi le soir de la mort de Kathlyn. Trois hommes sont en effet intervenus afin de dégager Jamel qui était allongé sur elle, qui gisait dans un fossé, déjà dans le coma. Leulmi les a brusqués à plusieurs reprises, il ne voulait pas les laisser s'approcher d'elle. La pauvre Kathlyn sur le ventre, face contre terre, Jamel étendue sur elle… La scène évoquée est glaçante. Il aurait pourtant été logique de la mettre en position latérale de sécurité. Troublant comportement, surtout lorsqu'on sait que Jamel a suivi une formation de premiers secours…

Leulmi répond qu'il était en état de choc. Quand on lui demande si c'est lui ou Kathlyn qui a été percuté par le véhicule, il répond :

— Je ne sais pas, je ne sais plus…

Et, où va Leulmi après son hospitalisation de vingt-quatre heures pour état de choc ? Chez Céline… Évidemment !

Ils se rendent ensuite ensemble au chevet de Kathlyn. Il ira même jusqu'à la présenter à la mère de Kathlyn comme étant la meilleure amie de sa défunte fille !

Les témoins défilent. Je me souviens en particulier de la mère d'un ancien élève de Leulmi – j'ai appris au cours du procès qu'il avait été professeur de génie industriel à Brétigny – qui paraît encore très choquée lorsqu'elle nous explique que Leulmi a joué au jeu de l'étranglement avec son fils. Il disait à ses élèves :

— Je te parie qu'en moins de dix secondes, je te fais perdre connaissance !

L'élève qui se laissait tenter par le jeu tombait raide par terre pendant au moins huit secondes. Le proviseur de ce même lycée confirmera cette anecdote, et affirmera que Leulmi avait fait l'objet d'une sanction.

Or l'examen *post mortem* de Kathlyn révélera qu'elle avait le sternum cassé. Pas un os de plus qui soit fracturé ; pas de fracture ouverte ; pas d'hémorragie interne ; ni même de plaies ou de contusions... Seul le sternum a été touché. Pourtant, l'accident décrit par Jamel est très violent : Kathlyn aurait tapé contre le pare-brise du véhicule avant d'être projetée à cinq mètres, pour enfin retomber lourdement sur le bitume.

On apprend ensuite que le véhicule qui aurait fauché Kathlyn est une voiture volée... dans la rue de Céline, quelques heures avant le drame.

Un vélo sans lumière acheté le soir même, quinze minutes avant la fermeture du magasin, une route dangereuse plongée dans l'obscurité, une femme vêtue de noir... Tous les ingrédients sont réunis pour faire disparaître Kathlyn.

La barre est ensuite occupée par un autre témoin, plutôt cocasse : le frère de Céline. Il est agent immobilier, c'est lui qui avait vendu la maison et pensé à inscrire la clause de décès avant le septième jour. Il confie être très atteint par toute cette affaire :

— À cause de cette histoire, je suis en plein divorce avec ma femme (la maîtresse de Leulmi, qui était venue un soir m'assurer son soutien !). Je vis très mal cette situation (en 2014 alors que les faits remontent à 2009).

Mais, à la sortie du tribunal, après son audition, il enlace sa femme avant de l'embrasser longuement.

C'est d'ailleurs le tour de cette dernière. Elle arbore des tatouages et des piercings partout. Elle parle difficilement, à tel point qu'elle est presque inaudible pour l'assistance.

Défile ensuite une ribambelle de témoins de complaisance.

Les jurés commencent à se lasser, et nous aussi, lorsqu'arrive le tour des experts médicaux : psychiatres et psychologues. Tous affirment que Leulmi est dangereux, manipulateur, plusieurs le qualifient de pervers narcissique et le terme « escroc » est employé pour le désigner à de nombreuses reprises… À mon sujet, ils évoquent ma fragilité et une grande naïveté. Ils me qualifient de jeune femme un peu paumée… Les médecins me présentent comme une miraculée et mon adorable kinésithérapeute est très impressionnée de témoigner dans cette salle d'audience. Elle me fera même des séances pendant ce procès qui exacerbe mes douleurs. Des douleurs si violentes que je terminerai deux fois aux urgences sous l'escorte des pompiers.

Mon médecin, qui est aussi mon ostéopathe, le docteur Mathieu, est également appelé à témoigner. Mais les avocats de la défense le malmènent. Ils vont faire cela avec chaque témoin de la partie civile qui passera à la barre, les poussant à la faute par tous les moyens, jusqu'aux plus mesquins, ou leur criant dessus pour les déstabiliser.

Lorsque la dame du consulat français au Maroc fait son entrée, je suis si émue que je me mets à pleurer. Elle démontre que la version de l'accident de ski que Jamel m'avait fournie était une invention de toutes pièces. Elle raconte aussi comment, lorsqu'il a cru savoir qu'il ne me restait que dix heures à vivre, il s'est empressé de rentrer en France, prétextant l'opération en urgence de sa mère.

Je découvre encore que Jamel, qui prétendait tirer ses revenus des combats de *free fight*, est un parfait inconnu dans ce milieu.

***

À la barre vient le tour de mon ami Mark, mon ancien voisin, présent lors de notre première rencontre à *Coco Island*. Il a fait l'effort de se déplacer malgré son handicap.

Aujourd'hui, exceptionnellement, il est venu avec sa canne. Il apprendra au procès que Céline a porté plainte contre lui pour coups et blessures. Elle soutient avoir été agressée par Mark, handicapé à plus de quatre-vingts pour cent. Elle ajoute que je suis la commanditaire de cette agression… La situation devient grotesque : elle inverse les rôles !

L'avocat de la défense cherche à faire dire à Mark que je bois de l'alcool. Mais celui-ci maintient sa déposition :

— Julie ne boit jamais. Nous avons passé beaucoup de soirées ensemble et même avec le père de ses filles, elle n'a jamais bu… Jamais ! Même si cela nous arrivait de sortir, elle ne buvait pas.

L'avocat insiste :

— En êtes-vous sûr ? Même pas un verre ?

Mark s'agace :

— Vous ne me ferez pas dire ce qui est faux ! Elle ne buvait pas.

L'autre témoin appelé à la barre est Grégory, le parrain de ma petite dernière. Malgré sa carrure impressionnante, Greg est intimidé par toute cette assemblée. L'avocat de la défense l'effraie en reprenant son petit manège :

— Julie boit-elle de l'alcool ?

— Non, jamais.

L'avocat joue de ses manches.

— En êtes-vous sûr ? Réfléchissez bien ! Même pas un verre en soirée ?

Grégory hoche la tête. Et l'avocat reprend :

— Mais enfin, vous ne savez pas toujours ce qu'il y a dans son verre !

Ça y est, il a réussi à déstabiliser un témoin… Il jubile, se retourne et dit :

— Vous voyez ? Il a dit : « Si, peut-être un verre ou deux ! »

En rigolant, l'avocat rajoute :

— Vous voyez quand on veut !

Grégory sort, penaud ; je le rejoins et fonds en larmes dans ses bras. Il s'excuse.

Alors que les témoignages s'enchaînent, Maître Dupont-Moretti hausse les épaules, souffle, fait des bruits bizarres, marmonne dans sa barbe. Puis il me fixe du regard, tente de m'impressionner. Il parle avec l'autre avocat de Leulmi, Maître Kaminski en lui sifflant :

— Regarde, l'autre salope !

Alors, je ne dis rien et reste bien assise sur mon siège, je ne bouge pas. Je le regarde même en lui souriant. Il en faut plus pour impressionner Julie la Warrior.

16

C'est mon tour

Le 9 mai 2014, à treize heures trente, c'est le tour de ma mère de se présenter à la barre. Durant plus de deux heures, elle raconte… Bien sûr, les souvenirs sont encore très vivants et elle ne peut s'empêcher de pleurer. En voyant cela, je craque à mon tour. C'est très dur d'entendre ces mots qu'elle dit d'une voix tremblante. J'ai envie de me lever pour la serrer contre moi.

Arrive le moment où elle doit faire face à l'avocat de la défense qui essaie de la déstabiliser. Mais, c'est mal connaître ma mère et elle ne lâche rien… Elle se tient toute droite, refuse de le regarder et répond à la cour avec prestance, sagesse et délicatesse.

Arrive enfin le moment que j'attends et redoute plus que tout en même temps. C'est enfin mon tour ! Je tremble ; j'ai envie de vomir, de hurler, mais… je fais face.

Je me lève pour témoigner. Mon avocate installe une chaise près de moi : l'audition peut durer quatre heures, peut-être plus, et je ne suis pas sûre de pouvoir rester debout autant que nécessaire. Entre les regards de la cour braqués sur moi et les grognements des avocats de la défense je me sens toute petite. La salle est pleine à craquer. J'examine l'assistance, je vois les familles qui se font face et les journalistes qui sont assis sur leurs bancs, calepin à la main. Ils attendent mon audition depuis le premier jour.

Mon avocate m'a mise en garde : il est primordial que je reste calme ; je ne dois céder ni à la peur, ni à la rage, ni à la colère. Peu importe jusqu'où ils iront dans l'abject, je ne dois pas craquer.

Enfin je vais tout raconter, vider cette poche de pus que je traîne depuis trop longtemps déjà.

Est-ce ma colère qui me tient debout ? L'âme de Kathlyn que je sens auprès de moi ?

Au moment de commencer mon témoignage, je croise le regard de ma mère. Cela me galvanise. Je suis comme un gladiateur qui entre dans une arène de fauves – les avocats de Leulmi qui attendent pour me dévorer. J'ai la gorge sèche, je tremble, mais je ne laisse rien paraître. Je me tiens droite en essayant de bien regarder les jurés, mais c'est trop difficile. Alors, je me concentre sur Madame Mathieu, la Présidente de la Cour.

Je sais que la défense a une arme contre moi, alors autant la désamorcer en m'expliquant tout de suite. Lors d'une journée à Disneyland avec le père de mes filles et mes parents, j'ai commis un vol à l'étalage. Résultat : trois heures de garde à vue. Et surtout, fichée pour vol à l'étalage, j'ai perdu mon travail. J'avais vingt ans et je venais en effet de commencer à travailler dans la police en tant qu'adjoint de sécurité. Cette bêtise, j'en ai déjà payé le prix fort puisque je n'ai jamais pu retrouver d'emploi aussi stable depuis. Ce vol n'a absolument rien à voir avec la présence de Leulmi au tribunal, mais sa défense se sert d'une erreur bien antérieure à l'affaire, et sans rapport, pour me salir encore et encore.

Sur ma gauche, les avocats de Leulmi essayent de me déconcentrer par tous moyens : ils toussent, font du bruit avec leur chaise, se raclent la gorge. Je tiens bon, je parle fort et clairement, je me sens insubmersible ! Je réfléchis en même temps que je parle, il y a tellement de choses à dire que je ne veux rien oublier car les hyènes n'attendent qu'un seul faux pas pour me bondir dessus. Le fait d'exposer mon drame m'oblige à revivre cette horrible nuit, celle qui a failli me coûter la vie. Les larmes montent, je dois tenir, mais rien à faire… je craque. Je parviens tout de même à transmettre toute cette horreur ; j'explique évidemment la facilité qu'a eue Leulmi pour me séduire ; mon bébé souffrait et j'avais tant besoin de réconfort. Comment se méfier d'un homme qui redonne le soleil à votre vie, remplit le frigo, s'occupe de vos enfants et leur lit des histoires ?

Je suis comme dans une bulle devant cette salle pleine. Dans ma main, je serre la bague de ma grand-mère, décédée le jour où ma fille entrait au bloc opératoire pour subir sa première opération à cœur ouvert. Elle a donné ses dernières forces pour sauver mon bébé, et je me rattache à ce porte-bonheur. Et puis, le visage de la Présidente me met en confiance.

En détaillant mon calvaire à la cour, je ne peux empêcher quelques larmes… Je prends alors le temps de souffler avant de poursuivre mon récit. Surtout ne rien oublier.

Mais les avocats de Leulmi détiennent les fameuses lettres qu'il m'avait demandé de lui poster, et dans lesquelles je lui disais ne pas l'aimer. Pour eux, c'est bien sûr la preuve que je le harcelais. Que la manipulatrice, c'est moi. Le plus simple est de m'expliquer honnêtement au sujet de ces lettres qu'il m'a dictées. Caty expliquera plus tard à la cour que ces lettres étaient destinées aux compagnies d'assurances afin de montrer que j'étais prête à tout pour lui.

J'ai beaucoup pleuré et la rage bouillonne en moi. Je pense arriver enfin au bout de cette première épreuve. Mais ses avocats n'attendent qu'une chose : me poser des questions. Ils redoublent de mesquinerie avec des questions méchantes, blessantes, vicieuses, portant atteinte à mon honneur et à mon intimité. Ils me salissent par leurs suggestions douteuses et me donnent envie de gerber sur leurs chaussures à cinq cents euros. Ce n'est pas grave, j'ai la force. Je les regarde droit dans les yeux pour leur montrer qu'ils ne m'impressionnent pas.

L'un braille :

— Vous êtes, arrogante, manipulatrice, menteuse.

Tous les défauts du genre humain, je les ai ! Ce n'est pas grave, je le laisse finir… Et puis, non ! Je l'interromps, m'adressant à la cour :

— Il doit se tromper de cible, ici JE suis la victime et c'est SON client qui est dans une cage, pas moi ! J'en ai marre qu'on me manque de respect et j'en ai marre d'entendre ses grognements, ses « pfff », ses « ho là » ou « ho là là ».

Pendant deux jours je viendrai à la barre, j'y parlerai pendant plus de huit heures.

***

Le 13 mai, la sœur et la maman de Kathlyn sont appelées à prendre la parole tour à tour. Elles racontent comment, alors que Kathlyn est dans le coma, Leulmi remet à sa belle-mère un sac de petits objets ayant appartenu à Kathlyn ainsi que son alliance. Alors que sa femme est entre la vie et la mort, il n'espère déjà plus un miracle. Mieux, il commence à faire le tri…

On écoute ensuite une courtière en assurances qui m'avait rendu visite à l'hôpital d'Arpajon. Elle dit ne pas avoir cru à cette histoire de *Coco Island* au Brésil, raconte combien elle a été bouleversée lorsque je l'ai appelée pour lui demander de casser le contrat.

Jamel se tient la tête entre les mains, on ne voit que son crâne lustré.

Les jurés notent.

Mon père est appelé ensuite. Mais il s'effondre à peine les premiers mots prononcés. Il a beaucoup de difficultés à parler tant il est submergé par l'émotion. Il explique à la cour qu'il ne pouvait pas croire à la thèse de l'accident, raconte comment, à peine arrivé à

Marrakech, il a compris qu'il s'agissait d'une tentative d'assassinat. Pendant son « grand oral », qui dure deux heures, on n'entend pas une mouche voler.

Mon père ne cherche pas à gommer les éléments troublants. On reparle en particulier de cette première déposition qu'un policier marocain m'avait fait signer depuis mon lit d'hôpital, et qui parlait d'un accident de ski. Mon père était indigné : il fallait à tout prix une vraie déposition, en bonne et due forme. Devant témoins, avec traducteur, chose qui n'avait pas été faite auparavant. Le policier a accepté de prendre une nouvelle déposition mais a exigé trente euros en espèces. Écœuré par les méthodes de ce policier peu intègre, mon père s'est exécuté. Tout cela, mon père l'a expliqué dans ses dépositions en France. Jamel en a profité pour déposer plainte contre mon père pour corruption. Bien sûr sa plainte n'a pas abouti, mais ses avocats récupèrent malgré tout l'incident afin de nous salir. Plus tard, Jamel déposera plainte au Maroc. J'ai reçu un jour une convocation émanant de là-bas… je n'y suis pas allée !

Le 15 mai, vers dix heures quarante, Madame la Présidente lit les auditions des témoins de l'hôtel *Royal Mirage*. On apprend que les enquêteurs leur ont présenté la photo de Jamel et qu'ils l'ont tous formellement reconnu. L'un d'eux avoue s'en souvenir à cause de sa carrure atypique tandis qu'un autre assure qu'il a été client de l'hôtel. Une fois la lecture terminée, évidemment, les questions pour Leulmi pleuvent.

L'une d'entre elles m'a particulièrement amusée.

Leulmi prétend, depuis le début du procès, ne jamais avoir été avec moi à Marrakech, excepté à l'hôpital, ne pas connaître le *Royal Mirage* et, en aucun cas, ne m'avoir fait réserver cette chambre. Il ajoute que je suis folle. Une fois la lecture des témoignages terminée, lorsque la Présidente lui demande des explications, il s'obstine et assure qu'il ne connaît pas cet hôtel :

— Non, je ne suis jamais allé au *Royal Mirage.*

La magistrate évoque alors un reçu à son nom datant de deux ou trois ans avant notre rencontre...

Leulmi, prit sur le fait reprend sa respiration et dit :

— Ah oui, je me souviens, mais je ne m'en souvenais plus, c'est pour ça... Et l'hôtel a changé de nom, c'est normal que je ne m'en souvienne plus.

La juge lui répond :

— Peut-être que le nom a changé, mais pourquoi dire ne jamais avoir séjourné à Marrakech ?

Il s'enfonce !

Il faut savoir que lorsque les enquêteurs français se sont rendus à l'hôtel pour récupérer les bandes de vidéosurveillance, ils ont constaté que la bande de la nuit de mon passage avait disparu.

Certains témoins résidant au Maroc diront plus tard ne pas être venus au procès par peur de représailles. D'autres, que la famille de Leulmi, notamment Céline, veillaient à ce que les enquêteurs ne fouinent pas trop.

Une des sœurs de Jamel Leulmi s'est rendue à Marrakech afin d'enquêter... Et Céline sera poursuivie pour subornation de témoin.

On aborde ensuite la question de la voiture dans

laquelle je suis censée avoir eu l'accident. Si les lésions que j'ai subies avaient vraiment été dues à un accident de la route, ce qui aurait pu être le cas, le véhicule aurait aussitôt été envoyé à la casse. En effet, au vu de la gravité de mes blessures, la voiture aurait dû être dans un sale état. Or, cette voiture fut relouée dès le surlendemain de l'agression. Mes parents n'ont jamais pu voir l'auto qui était déjà en location. En revanche, le propriétaire a exigé de l'argent pour des frais de remise en état. D'après lui, le pare-chocs arrière était rayé et le rétroviseur, légèrement abîmé.

L'expert venu à la barre déclare qu'il connaissait mon état médical et physique au moment de l'expertise. Cependant, il ne savait pas que la voiture avait été relouée aussitôt. Auquel cas, il n'aurait pas conclu à un accident de voiture, mais bien à une agression. Il insiste :

— Il est absolument impossible de se retrouver dans un état pareil au volant d'un véhicule intact. De plus, s'il y avait eu un accident de voiture, l'airbag se serait déclenché, ce qui n'a pas été le cas.

***

Puis, de nouveau, on assiste à un défilé de témoins de complaisance. Une personne que je pensais mon amie vient témoigner contre moi. C'était une fille un peu paumée qui était en conflit avec ses parents, elle avait une mauvaise image d'elle-même et se rassurait en multipliant les conquêtes. Lorsqu'elle s'est retrouvée à la rue, c'est moi qui l'ai hébergée. J'ai fermé les yeux sur son comportement limite et son penchant pour les soirées alcool-mecs… Un jour, elle a même essayé de séduire le père de mes filles, en vain. J'avais de l'affection pour elle et ne l'ai jamais jugée. C'était ma copine… Et la voilà qui m'attribue tous les vices qu'elle affectionne.

D'autres, que je ne connais pas et dont j'ignorais l'existence jusqu'à ce jour, lui succèdent pour affirmer que je bois à outrance et que je danse lascivement, que je me frotte aux hommes.

D'où sortent-ils, ceux-là ?

Les juges ne sont pas dupes. Ils les écoutent, mais ne garderont pas le moindre élément de leurs prétendus témoignages. D'ailleurs, ces personnes n'ont pas été citées lors du second procès.

La défense va même jusqu'à faire venir un de mes ex au tribunal afin qu'il témoigne contre moi. Il fut cité en tant que témoin, mais n'intervint jamais… J'aime à penser qu'il a eu un éclair de lucidité et a pris la décision de rester en dehors de tout cela.

Le père de mes filles a aussi été convoqué, mais il ne viendra pas non plus. Son audition est lue en intégralité : il est sincère et dit que je suis une bonne maman ; que nous sommes séparés, mais que ma qualité est de toujours dire la vérité. Il ajoute aussi que je suis très jalouse, mais certainement pas menteuse… ça, jamais !

La défense enrage

17

La défense s'enfonce

Le 15 mai doit se dérouler le témoignage très attendu de Yannick. Apparemment, il n'est pas connu pour être un enfant de chœur. Lors de l'audience, Yannick explique, à la barre, avoir été propriétaire d'une boîte de nuit qui, au bout d'un certain temps, commença à battre de l'aile. Les dettes s'accumulent et, pour éviter le naufrage de son établissement, il en parle à Leulmi qui lui prête deux cent mille euros.

Quel homme généreux !

Quelque temps après, Yannick n'a pas réussi à inverser la tendance et il n'est pas en mesure de rembourser Jamel. Il a besoin de temps.

Jamel emmène alors Yannick dans les bois. Des hommes de main de Leulmi se cachent aux alentours et Yannick en a parfaitement conscience. Les deux hommes discutent et Jamel lui soumet l'affaire du siècle :

— Comme tu ne pourras pas me rembourser, tu vas prendre ta femme ou ta maîtresse et tu lui feras signer des contrats d'assurance décès. Tu vas au Maghreb ; elle meurt accidentellement et tu me rembourses.

À la barre, en racontant cette histoire, Yannick semble encore très choqué ! Ce dernier est de la vieille école, il explique qu'on doit régler ses soucis d'homme à homme, qu'il faut être lâche pour s'en prendre à une femme.

Leulmi est-il toujours innocent ?

La juge interroge Yannick :

— Vous me parlez de deux cent mille euros. Pouvez-vous m'expliquer alors pourquoi cette reconnaissance de dettes d'un montant de six cent dix mille euros, rédigée et signée devant notaire ?

Yannick explique que Leulmi l'aurait mis devant le fait accompli en lui disant :

— Que ce soit deux cent mille ou six cent dix mille, tu ne pourras pas me rembourser.

Leulmi l'a donc contraint à signer une reconnaissance de dette de trois fois la somme initiale. Yannick, qui avait peur, voulait gagner du temps pour trouver une solution.

Lorsque la juge demande à Leulmi, qui a gardé le silence jusqu'à présent :

— Pourquoi six cent dix mille euros ?

Il répond :

— Les intérêts !

Yannick précise que Laure, la notaire, est l'une des nombreuses maîtresses de Leulmi – *donc acte notarial gratuit* – et qu'elle s'occupe de *Coco Island.* En entendant cela, la cour ouvre des yeux tout ronds.

Lorsqu'il quitte la barre, Yannick s'adresse à Leulmi, avec un regard dur :

— Si jamais ma femme ou qui que ce soit subit quoi que ce soit, je m'en chargerai. Je n'ai pas peur de la prison.

Gaëtan est un autre témoin très attendu.

Il habitait bien la même ville que moi au moment des faits, mais je ne le connais pas. Selon Leulmi, Gaëtan et moi aurions monté un complot afin de détourner son argent.

Lorsque j'entre dans la salle, la juge demande à Gaëtan, en me montrant du doigt :

— Retournez-vous ! Est-ce que vous reconnaissez cette jeune femme ?

Je m'assois et il répond :

— Oui, bien sûr.

Il se tourne vers la juge et lance, sûr de lui :

— Oui, c'est Céline !

Le complot sur lequel Leulmi base sa défense vient de prendre du plomb dans l'aile… La juge rectifie :

— Non, il s'agit de Julie Derouette.

Il ne semble pas comprendre pourquoi on lui pose cette question.

Gaëtan improvise l'éloge de Leulmi. Il clame que Jamel est un fidèle ami, respectable et honnête. À la fin, la juge lui dit :

— Le système de défense de Leulmi repose sur le fait que vous et Julie Derouette seriez complices pour lui soutirer de l'argent.

Gaëtan réalise peu à peu la teneur de l'information

qui vient de lui être divulguée. Il se retourne vers Leulmi, offusqué :

— Quoi ?

Il nie m'avoir jamais vue. La trahison semble beaucoup l'atteindre et il fixe Leulmi. Ce dernier ne lui rend même pas son regard. Il garde la tête entre ses mains, comme d'habitude.

Ce 15 mai se termine sur de nouvelles révélations. Leulmi touche le fond du gouffre.

Car si, à strictement parler, ce sont de simples témoins qui sont alors appelés à la barre, ceux-ci occupent un statut à part : ce sont maintenant des *victimes potentielles* qui sont présentées aux jurés. En effet, Kathlyn et moi n'étions pas les seules proies de Leulmi.

Un bon nombre de femmes défilent à la barre, dont Karine, qui aurait sûrement été la prochaine s'il avait eu raison de moi, et la femme de Yannick. Karine si gentille, si fragile…

— Il m'a fait souscrire plusieurs assurances vie à son nom. Moi, je ne comprenais pas. J'avais qu'à remplir et à signer, explique-t-elle.

Elle ne peut supporter les insultes de Leulmi à son encontre, arguant qu'elle est une prostituée et une droguée, et fait un malaise à la barre, son corps soudain secoué de tremblements et de sanglots… Elle est évacuée, ce qui provoque la suspension de l'audience.

Dès lors, la cour s'engouffre dans d'étranges zones d'ombre. Elle évoque par exemple le cas du décès mystérieux du médecin qui a validé le dossier médical de Karine. Or, il a été formellement établi que la jeune femme qui s'est présentée en consultation chez ce praticien pour la validation du dossier médical nécessaire à la souscription d'assurances n'était pas Karine, mais une femme se faisant passer pour elle. Durant son audition, le médecin avait été très clair : la photo de Karine présentée par les enquêteurs ne correspondait pas à la jeune femme qu'il avait reçue dans son cabinet.

Mon intime conviction est que Leulmi a envoyé Céline au cabinet de ce docteur… Petite, Karine a été victime d'un accident, elle a été renversée par un bus et est restée cinq mois dans le coma, elle en a gardé des séquelles irréversibles. Aujourd'hui, c'est une personne qui a des difficultés à s'exprimer. Jamel savait pertinemment que le médecin n'aurait jamais validé le dossier médical.

Il a été démontré en revanche que c'est bien Karine qui a rempli son dossier sous la dictée de Jamel… En juin 2010, Leulmi avait déjà trouvé une nouvelle proie.

Alors que la question de la voiture qui a servi à simuler mon accident a déjà été évoquée en détail, un expert surgit à la barre. Il est vêtu d'un costume gris clair et, dès le début de son intervention, je remarque d'énormes auréoles de transpiration sous ses bras.

C'est un expert en accidentologie… qui n'a jamais vu la voiture. Il relate mon accident et fait l'inventaire de mes lésions. Puis, il expose sa thèse soutenant que j'ai peut-être été la victime d'un accident de voiture. Mais il ne sait pas que la voiture est sortie indemne, ni même qu'elle a été relouée dès le surlendemain de l'accident.

L'homme s'exprime mal et bafouille. Mon avocate demande l'autorisation de l'interroger. elle n'a qu'une seule question à lui poser :

— Par qui êtes-vous mandaté ?

Le plus naturellement du monde et sans se douter de l'impact de sa réponse, il répond :

— Par Céline.

Moment magique : certains jurés pouffent de rire.

***

Nous sommes le 19 mai, il ne reste que trois jours avant que le verdict ne soit rendu. Nous sommes à bout de forces, à bout de nerfs ! À la demande de la défense, la diffusion d'un reportage télévisuel ainsi que la lecture de mes lettres a lieu dans la salle d'audience. Ensuite, ce sont les questions de la défense qui m'assaillent, n'hésitant pas à encore me manquer de respect. La défense trouve les lettres osées et ne croit nullement au fait que son client m'aurait demandé de les écrire. Je m'explique et m'adresse à la juge :

— Pourquoi n'y a-t-il que trois lettres ? On s'en est échangé bien plus ! Et lui aussi m'en a adressé où il m'écrivait son amour. Où sont-elles ?

L'avocat de la défense s'étonne de leur existence.

La juge demande à Leulmi :

— Où sont-elles ?

Il répond :

— Il n'y en a jamais eu !

Cette réponse était logique et prévisible, mais j'ai déjà réfléchi à la façon de parer ce coup :

— Ces lettres que j'ai écrites et qu'il a conservées sont au contraire la preuve de son plan diabolique. Jamel a déclaré que je le harcelais et il ne soumet que trois courriers sur l'intégralité de notre correspondance. Où sont mes autres lettres ? Où sont les lettres que lui m'a données ? Et où sont les originaux des contrats d'assurance que j'ai signés ? Et puis, si je suis une folle et une harceleuse dangereuse, pourquoi n'a-t-il pas porté plainte contre moi dès la réception de ces lettres ? Pourquoi les produire au dossier au moment de sa détention, soit plus de huit mois après les faits ? Pourquoi les a-t-il gardées ? N'est-ce pas justement la preuve qu'il avait prémédité de les utiliser un jour contre moi ?

Maître Dupont-Moretti joue ses dernières cartouches. Lorsque j'avais raconté à la barre avoir fait du dromadaire en pleine nuit à Marrakech, la famille de Jamel ne s'était pas gênée pour rigoler et se moquer de moi. Certains s'étaient même mis à imiter le cri du dromadaire au beau milieu du tribunal. Le soir même, avec ma mère, nous avions effectué des recherches sur internet et trouvé que des balades à dromadaire de nuit sont effectivement proposées aux touristes.

Cette histoire de dromadaire est remise sur le tapis par la défense. Je réexplique, en précisant, comme je l'ai lu sur internet, que ce type de promenade est proposé couramment moyennant « bakchich ». Le mot n'a pas échappé à Maître Dupont-Moretti, qui bondit sur l'occasion. Il regarde mes parents, plus particulièrement ma mère et chuchote « bakchich » en se frottant le pouce contre l'index, allusion à l'accusation de corruption dont il a déjà fait état contre mon père pour les trente euros qu'il a donnés au policier marocain afin que celui-ci accepte de prendre ma seconde déposition.

L'homme est malin, personne ne l'entend puisqu'il se cache derrière ses dossiers. Mais à ce mot qui lui est adressé, « bakchich », ma mère éclate en sanglots et hurle de colère.

La cour suspend alors l'audition. Les nerfs lâchent, et il faut encore tenir trois jours.

18

Plaidoiries

Maître Jean Boudot, qui est l'avocat de Glwadys, la sœur de Kathlyn, choisit de laisser sa collaboratrice Elsa commencer les plaidoiries. C'est donc elle qui ouvre le feu, en ce 20 mai 2014, et elle est extraordinaire durant les cent vingt-cinq minutes de son élocution !

C'est ensuite au tour de Laetitia, l'avocate des assurances, de plaider. Pendant tout le procès, elle s'est tenue, avec sa collaboratrice, à mes côtés. Chaque fois que je leur posais des questions, elles m'expliquaient avec patience et gentillesse. Durant les pauses, on se parlait de nos enfants. Cela m'apaisait beaucoup. La plaidoirie de Laetitia dure moins d'une heure, mais c'est suffisant pour démontrer l'escroquerie aux assurances.

Le 21 mai, à neuf heures trente, Maître Lacamp, l'avocat de Brigitte, la mère de Kathlyn, plaide pendant une heure. Je n'ai pas trop la tête à l'écouter, je suis angoissé, crispée… J'attends nerveusement la plaidoirie de Caty. J'entends Maître Lacamp qui parle de Kathlyn. Mes larmes commencent à monter, alors je décide de sortir prendre l'air cinq minutes avant de revenir. Mes nerfs lâchent, je n'en peux plus... Ma carapace se fissure.

Il est onze heures moins dix lorsque Caty entame sa plaidoirie, qu'elle commence avec ces mots :

— Aujourd'hui, on fête un anniversaire important pour Julie, c'est l'anniversaire de mariage de ses parents, trente et un ans de mariage, autant dire un mariage d'amour. Terrible pour ces parents que d'être là, dans une cour d'assises, face à celui qui a fait du mal à leur fille, qui a voulu lui ôter la vie. Pour de l'argent. Elle qui a grandi entourée d'amour, de frère et de sœurs, d'amour à l'état pur. Pas avec une cuillère en or dans la bouche, non, avec de l'amour. Elle qui a admiré le couple ; l'amour que ses parents se portent, elle qui s'en veut tellement et qui culpabilise de leur avoir infligé tout ça alors qu'elle n'a été que le triste pantin de Leulmi. Ce qu'elle voulait, elle, c'était l'amour, le vrai, le même que ses parents. Elle voulait donner un papa, un vrai, à ses filles. Elle qui a vécu souffrances et larmes avec son bébé, sa petite fille qu'elle a failli perdre à cause de son cœur fragile. Elle qui a assumé ses enfants toute seule, qui a vécu sa deuxième grossesse seule, accouché seule, pleuré seule. Tout du moins sans le « papa ». Car ses parents et quelques personnes de sa famille étaient là. Mais tout de même sans amour masculin... Alors, lorsqu'elle rencontre Jamel, elle lui déballe tout dès le début. Il savait tout d'elle et s'en est servi pour la manipuler et lui faire signer ce qu'il voulait lui faire signer. Il lui a dicté des lettres, des textos : elle était sa poupée, sa marionnette. Julie est pourtant quelqu'un qui a un sale caractère, qui est têtu et veut souvent avoir raison. Elle s'énerve vite, mais demeure d'une naïveté incroyable ; une femme-enfant qui n'attend que son prince charmant… Et elle l'a rencontré, lui. Sauf qu'il n'est pas un prince, et encore moins un homme charmant, c'est juste un manipulateur qui lui a fait miroiter un amour de princesse, son *diamant* comme il l'appelait…

De Jamel, elle dresse ce portrait en quelques mots :

— Aujourd'hui, il existe des coaches en séduction. Jamel Leulmi aurait pu se reconvertir là-dedans : charmeur, entreprenant, un corps qu'il travaille comme une arme.

Mon avocate raconte en contraste ma vie diminuée, mon corps à moi, meurtri par l'agression :

— Et Julie ? Elle se retrouve aujourd'hui avec de nombreux handicaps physiques et psychologiques. Une femme d'à peine trente ans, qui a eu sa vie gâchée à vingt-six ans. En plus de la souffrance de son bébé qui a encore un suivi médical, il a fallu qu'elle tombe sur Jamel Leulmi. Elle qui buvait ses paroles et qui pensait qu'à Noël, il demanderait sa main à son père. Elle qui pensait offrir un gendre à ses parents et un « papa » à ses filles pour ce réveillon. Ils ont seulement vu leur fille entre la vie et la mort ce soir du 23 décembre. Ils ont trinqué avec du Yop ! C'est ça l'amour ? C'est de ça qu'on rêve pour son enfant ? De parcourir des kilomètres pour aller retrouver sa fille sur un lit d'hôpital alors qu'elle ne peut plus bouger, alors qu'elle paraît « morte » ?

Pour mes parents et moi, l'émotion est trop forte. Nous fondons en larmes.

Caty poursuit :

— Malgré tout, ils restent unis et se battent ensemble chaque jour pour Julie, pour ses filles, pour essayer de ne pas lâcher, ne pas craquer. Ils sont soudés plus que jamais. Elle s'est retrouvée handicapée du jour au lendemain, en croyant aux mensonges de celui qui lui a fait du mal… Aujourd'hui, elle ne peut pas rester plus d'une heure assise. Elle ne pourra plus jamais faire de sport, elle qui a fait dix ans de patinage artistique. Elle ne peut même pas entraîner sa fille, ni même partager un bref instant sur la glace.

Caty marche de long en large. On n'entend pas un bruit dans la salle.

— Voilà à quoi se résume désormais sa vie, poursuit-elle : plus de sport, mais des médicaments à profusion pour la soulager et dont elle dépendra à vie, de la kinésithérapie, de l'ostéopathie, et tellement d'autres opérations à prévoir… Comment pourrait-elle ne pas être en colère ? Enragée après tout cela ? Il a détruit sa vie !

L'avocat général requiert à son tour. Monsieur Remi Du Cormier décrit la triste réalité d'un homme qui n'a eu aucun scrupule, trace le portrait d'un être vaniteux, qui n'a aucun respect pour la vie humaine et ne sait pas aimer.

Tout en parlant, il me regarde à de nombreuses reprises. Je sens sa compassion. Après son beau réquisitoire, il sollicite la peine maximale :

— J'accuse cet homme d'avoir assassiné Kathlyn, tenté d'assassiner Julie. [...] J'affirme que ces deux femmes étaient irrémédiablement condamnées à mort par Leulmi.

La parole est ensuite donnée à la défense. C'est Maître Dupont-Moretti qui plaide, mais je décide de ne pas assister à sa plaidoirie. Je préfère garder mes dernières forces pour le lendemain plutôt que de les perdre à l'écouter me traîner dans la boue.

19

Fin de la première manche

Ce soir, je passe chercher mes enfants à l'école : ce sera la seule et l'unique fois durant ce long procès. À mon arrivée dans l'établissement scolaire, les parents d'élèves ne me parlent que de l'affaire, car bien évidemment toute cette histoire est surmédiatisée. Je les informe que demain, c'est le grand jour, celui que j'attends avec impatience. Je ne reste pas longtemps, car je suis extrêmement fatiguée.

Je passe acheter du champagne, pour fêter notre victoire à venir. Je prévois d'effectuer un lâcher de colombes après le verdict. Aussi, j'appelle un monsieur que j'ai rencontré quelques mois auparavant et qui en élève. Regarder ces oiseaux s'envoler dans le ciel sera magistral ! Ils rejoindront toutes les personnes de ma famille qui ont quitté ce monde, sans oublier Kathlyn, notre princesse de l'au-delà...

Nous sommes le 22 mai. Enfin ! Nous y sommes. Il est dix heures ; je pénètre dans la Cour, où tout le monde est présent. Une flopée de journalistes est là également.

Mais une envie pressante me saisit tout à coup. De toute manière, la parole sera d'abord donnée à Leulmi, et je ne souhaite pas entendre ses conneries.

Je reviens, mais à ma grande surprise, Leulmi n'est plus là ; la cour est debout.

Ma mère me dit :

— Tu as raté !

— Raté quoi ?

— Leulmi s'est levé et a juste dit : « Je suis innocent. » Puis, il s'est rassis.

Je pensais qu'il aurait parlé beaucoup plus longtemps que ça, mais non... Les jurés se retirent pour délibérer. Le trac monte en moi.

Avec mon père, nous allons chercher le champagne et les colombes. Nous restons à proximité du tribunal. Puis, nous allons tous manger.

Les heures passent. Nous nous promenons dans la galerie commerciale qui jouxte le tribunal. Curieusement, nous sommes tous très confiants. Tout cela est un peu irréel, nous avons l'impression de vivre hors du temps. Mais pour nous, à ce moment-là, l'issue ne fait aucun doute.

Caty nous appelle, il est seize heures trente :

— Revenez, le verdict va être rendu !

Sur le chemin du tribunal, nous marchons tous main dans la main pour nous donner du courage. Mon père, ma mère, ma sœur, moi, la famille de Kathlyn et la mienne : nous sommes invincibles.

Dans la salle, il y a énormément de monde qui attend, des proches de la première heure sont présents.

En les découvrant, mes émotions prennent le dessus. Je regarde mes amis, les yeux dans les yeux… Alors le doute s'abat sur moi.

Est-ce que les jurés ont vu le vrai visage de Leulmi ?

Je me tiens entre mon père et ma mère, on se serre très fort.

Le moment crucial arrive enfin. Le juge énumère les chefs d'accusation les uns après les autres. Pour chacun, il conclut : « coupable », « coupable », « coupable ». Je commence à respirer très vite. Je serre très fort la main de ma mère et de mon père. Debout les yeux fermés, je prie.

Enfin, j'entends la voix de la Présidente annoncer : « *Condamné à trente ans de réclusion.* »

Comme si mon corps, qui a tant souffert, avait compris avant moi, la tension se relâche, la pression chute… Je fais un malaise. Quand je reprends connaissance, tout le monde est autour de moi, et l'avocat général me tient la main en me disant :

— Ça y est, vous avez gagné !

Allongée sur le banc, je ne réalise pas vraiment.

Mais ce bonheur de l'instant ne dure pas longtemps, puisque ce qu'on redoutait tous arrive : Leulmi fait appel !

Nous décidons de fêter ce premier round tous ensemble, et je bois une gorgée de champagne en compagnie de mes parents, de ma sœur, de mes amis et de la famille de Kathlyn. Nous trinquons même à la santé de ses infâmes avocats… Nous nous serrons et nous embrassons tous :

— Rendez-vous au deuxième tour !

J'ai la force tranquille, je crois à ce second procès ; le premier a été gagnant, il n'y a aucune raison que le second soit différent. Je lis les petits mots rédigés à mon intention et à ma demande par mes proches ; ceux-ci me submergent, une fois de plus, de mille émotions.

Nous nous rendons ensuite sur le lieu de l'accident de Kathlyn. Même si elle n'est pas décédée sur le coup, c'est l'endroit de son dernier souffle, puisqu'ensuite ce sont les machines qui l'ont maintenue en vie. C'est ici que nous lâchons les colombes en très petit comité, loin de la foule et des médias. L'émotion est forte et palpable. Tout le monde se tait, c'est un vrai moment de recueillement. C'est ici que sa vie s'est arrêtée ; ici que nos destins se sont entremêlés ; ici que son empreinte disparaît pour laisser place au vide.

***

Dans les jours qui suivent, la pression ne retombe pas : je dois me faire opérer pour la cinquième fois. L'intervention est réalisée par le chirurgien qui m'a déjà opérée en avril. Cette fois, il intervient sur ma nuque. Je sors après une journée, car je suis impatiente de revenir chez moi pour me reposer. Finalement, j'aurai dû rester plus longtemps, je souffre énormément, surtout pendant le trajet en ambulance. Je ressens encore les effets de l'anesthésie, je vois trouble, un vrai cauchemar ! Il me faudra quinze jours pour retrouver une vraie sensation de bien-être. Pour la cicatrisation, j'ai besoin de soins à domicile. Heureusement, Véronique, Patricia, Catherine et Patrick sont toujours là pour moi.

Une fois cette terrible épreuve passée, nous partons en vacances pour enfin prendre un repos bien mérité. Le second procès est prévu pour janvier 2016, je dois reprendre des forces.

Les mois passent.

Un matin du mois d'août, on sonne à l'interphone de mon appartement. C'est l'huissier !

Ça y est, ce sont les dates officielles pour le second procès.

L'huissier monte et me confirme la date du procès. Après avoir signé l'acte, je me pose sur mon canapé pour lire tranquillement le document afin de m'imprégner des dates exactes. En lisant, mon rythme cardiaque s'accélère : je découvre que l'audience aura lieu au tribunal de Marrakech. Mon étonnement est total et l'inquiétude monte. J'appelle aussitôt Caty et lui demande des explications. Elle n'est au courant de rien. Je suis perdue !

Quelques minutes plus tard, Caty me rappelle et m'annonce que Leulmi a déposé plainte à Marrakech contre moi pour dénonciation calomnieuse.

Quel culot !

À l'heure de l'écriture de ce livre, une première audience a eu lieu, à laquelle j'ai été convoquée en qualité d'accusée tandis que lui faisait office de victime. J'ai bien sûr refusé de m'y rendre. De toute façon, sa plainte n'aboutira à rien, j'en suis intimement convaincue.

Mais je suis aussi intimement convaincue que Leulmi ira jusqu'au bout. Il a d'ailleurs annoncé qu'après le second procès, il irait en Cassation et en Cour européenne des droits de l'homme. Je suis loin d'en avoir fini avec lui.

Et puis, une fois de plus, nouveau rendez-vous à l'hôpital. Je revois le docteur Dorick pour une nouvelle opération. Jours intenses et extrêmement difficiles. Mais je ne reste pas les trois journées préconisés à l'hôpital. Je rentre plus tôt pour retrouver mes enfants.

Pourtant, le soir, au chevet de mes filles, la femme fragile que je suis ressurgit. Je m'effondre en larmes, je ne suis plus que l'ombre de moi-même. Au milieu de toutes ces souffrances, quand je crois que je n'y arrive plus, je m'aperçois que la force de ma famille et la présence de mes amis me maintiennent en vie.

Et puis, pour tenir tête à cet homme qui un jour a voulu me tuer, j'ai aussi ma rage, fidèle compagne qui me maintient debout depuis toutes ces années.

20

Un procès harassant

La première audience de ce procès en appel commence à neuf heures trente le 18 janvier 2016. Comme un mauvais coup du destin, un incident à la gare nous retarde d'une heure et demie. Ce procès a en effet lieu à Paris. Quand nous arrivons au Palais de justice, sur l'île de la Cité, le choix du jury est déjà défini et l'audience va commencer. Cette journée est employée à citer les témoins afin de leur donner les dates de comparution.

Dans les jours qui suivent, Céline en particulier est attendue de pied ferme par nos avocats. Elle est partout : avant, pendant et après, toujours là ! Quel rôle a-t-elle joué exactement ? Simple complice ou cerveau de l'opération ? Nous sommes bien décidés à le découvrir. Pour l'heure, elle va devoir répondre d'un premier mensonge. À la barre, elle se tient droite, elle est raide, le regard arrogant se pensant hors de tout soupçon… Céline avait raconté, lors de la première instance, qu'elle avait perdu un bébé pendant l'instruction, et était depuis devenue stérile. Cela paraissait déjà dur à croire étant donné qu'aucune grossesse n'avait été mentionnée sur le PV de la garde à vue. Nous avions toujours soupçonné qu'elle n'avait servi cette histoire que pour tenter d'attendrir les jurés de première instance. Ce pressentiment n'avait pas tardé à se confirmer : au moment où elle sortait ses abjects mensonges à la cour d'assises, Céline était enceinte !

Lorsque nos avocats lui posent la question concernant sa tromperie, elle répond qu'elle voulait préserver son intimité et ne voulait pas qu'on puisse croire qu'elle se servait de ce bébé pour disculper son conjoint. Je pense à cette phrase qu'avait dite l'avocat général de première instance, et que je n'ai jamais oubliée :

— Si j'avais mené l'instruction, Céline serait aux côtés de Jamel ; avec lui sur le banc des accusés !

Cette fois, Jamel Leulmi n'est pas défendu par Dupont-Moretti. Celui qui se fait surnommer « Acquittator » – « acquitté à tort » ? – ne s'est sûrement pas remis de sa défaite ! Mais, pas plus qu'en première instance, la défense ne prend aucun gant pour questionner les témoins… Les avocats cherchent la guerre alors que le procès n'en est qu'à ses balbutiements.

Beaucoup de témoins font leur apparition, certains restent à peine trente minutes tandis que d'autres parlent entre trois et quatre heures. Très rapidement, la défense montre le ton ; elle souhaite démonter tous les témoignages produits par l'accusation. Le premier témoin arrive, c'est ce si gentil policier qui m'a auditionnée. Les questions de la défense viseront uniquement à le rabaisser comme un chien. Ensuite, les avocats de Leulmi s'en prennent aux enquêteurs, aux médecins... ils n'épargnent aucun des témoins cités par nos avocats. Pour me salir, tous les moyens sont bons, par exemple citer des phrases inappropriées et sorties de leur contexte. Les avocats de la défense essayent aussi à plusieurs reprises de déstabiliser les jurés. Ils font beaucoup de bruit, mangent, froissent du papier, toussent, pouffent de rire et s'exclament fortement. Comme si cela ne suffisait pas, ils vont jusqu'à multiplier les déplacements sur le parquet ancien de la salle d'audience qui grince pour perturber les débats.

Heureusement, le président est là pour faire régner le calme et maintenir l'ordre dans sa salle d'audience.

Le témoignage de Brigitte, la mère de Kathlyn, est long et difficile. Les avocats de la défense ne lui font aucun cadeau et lui manquent de respect sans vergogne. Lorsqu'elle évoque le point auquel sa fille était devenue secrète depuis qu'elle avait rencontré Leulmi, ils cherchent à la culpabiliser par une petite phrase bien placée :

— Quand on aime sa fille, on se dit tout !

Quand la sœur de Kathlyn passe à la barre, ils sont toujours aussi infâmes. Mais elle se tient droite et répond calmement, impossible à déstabiliser.

Le jeudi 28 janvier, je suis appelée à comparaître de neuf heures trente à dix-neuf heures trente. Une pause de deux heures est prévue, pour scinder la journée.

Je pleure, tout en tentant de garder mon sang-froid. Les hyènes d'avocats de Leulmi gloussent en sifflant des commentaires désobligeants et dégradants. Ils susurrent comme des serpents pour que le juge ne les entende pas. Je garde la tête haute. Je ne tomberai pas devant eux. Je parle encore et encore alors que les larmes coulent le long de mes joues sans discontinuer.

À la barre, j'entends mon père et ma mère pleurer. Mon cœur se fige, prêt à s'effondrer sur lui-même : j'ai mal et je souffre. Je veux hurler, insulter mon bourreau. Celui-ci a changé d'attitude par rapport au premier procès. Alors qu'il avait choisi de garder le silence le plus possible, cette fois il interpelle le président à de maintes reprises.

Mais je ne me laisse pas impressionner. Je reste très concentrée car je sais qu'il est important que je sois très claire et sûre de moi, en particulier au moment d'aborder les points « faibles » de mon dossier. Alors, lorsqu'on évoque les lettres, les textos érotiques ou le vol commis à Disneyland, j'essaye de m'expliquer pour que tout soit clair pour les jurés ; que les hyènes n'aient aucun élément susceptible de me nuire davantage. Caty m'a en effet expliqué, en reprenant ligne par ligne lesdits courriers, combien ces derniers étaient bien plus sordides que de simples lettres censées persuader sa mère de mon amour pour lui… En fait, ces lettres dictées mot à mot, où je ne parle que de mort et de la peur de mourir, auraient servi à Jamel pour justifier de ma folie auprès des assurances. Ironie du sort, le scénario de la folle aux lettres douteuses se retourne contre lui.

Un des avocats de la défense veut produire les fameuses photos de moi… Il a imprimé les clichés sur un format A3 plastifié.

Je m'y suis bien sûr préparée. Je dis au président :

— Allez-y, salissez-moi, il n'y a pas de souci, j'assume ! Par contre, j'exige qu'on montre toutes les photos pornographiques de toutes les conquêtes de Leulmi, sans oublier celles de Jamel et de son avocat « chaton » !

Après tout, il n'y a pas que moi qui doive être déshabillée devant les jurés.

Le président stoppe net.

L'attaque suivante consiste à prétendre que mon dossier médical est « faible ».

Ben voyons !

Le vendredi 29 janvier, mes parents et ma sœur passent à la barre. Ce sont toujours, de la part des avocats de la défense, les mêmes techniques de déstabilisation. Une des avocates lance par exemple à ma mère :

— En fait, pourquoi êtes-vous là ? Ah oui, vous êtes partie civile.

Le témoignage de mon père est aussi prenant que lors du premier procès ; tout le monde l'écoute religieusement. Il est envahi par l'émotion et ne peut s'empêcher de verser quelques larmes, notamment lorsqu'il dit « être fier de moi ». En entendant ses mots, je suis émue, cela me touche profondément. Nous sommes une famille unie dans l'amour, c'est notre meilleure arme.

Dans la salle, chaque jour, des personnes viennent nous soutenir… Leulmi sent rapidement qu'il va perdre son procès en appel alors il tente le tout pour le tout afin de toucher les jurés. J'ai l'impression d'assister à la représentation d'une pièce dans laquelle le plus mauvais des acteurs tient le rôle principal. Il pleure, mais sans larmes… Ses prétendus malaises permettent à Céline de lui apporter des Snickers pendant les pauses. Jamel tente même un malaise qui durera trente minutes… avec l'intervention des pompiers !

J'attends avec impatience le jour où tous les témoins du Maroc doivent passer à la barre. Mais ils ne sont que deux à se présenter. Ce sont des témoins importants puisqu'il s'agit des réceptionnistes du *Royal Mirage*. Lors du premier procès, la Présidente avait lu leurs dépositions, dans lesquels ils indiquaient m'avoir vue en compagnie de Jamel, assurant ne pouvoir oublier l'homme baraqué au crâne rasé. Ils l'avaient vu m'attendre et se souvenaient que nous étions partis ensemble. Ils avaient aussi affirmé que Leulmi et Céline étaient clients de l'hôtel.

Une fois à la barre, coup de théâtre ! Ils disent me reconnaître formellement – alors qu'ils ne m'ont vue que quelques heures six ans auparavant – mais certifient ne reconnaître ni Leulmi ni Céline. Leur témoignage pourrait jeter le trouble s'ils ne soutenaient pas aussi que leur audition à l'époque n'aurait duré que cinq minutes, alors qu'elle s'est étendue sur quarante-cinq minutes en présence d'une juge d'instruction française et de policiers. Ils soutiennent par ailleurs ne pas comprendre le français. Pourtant, parfois, ils répondent en français. Lorsque mon avocate leur demande pourquoi, alors qu'ils ne s'étaient pas déplacés au premier procès, étaient-ils venus en Appel, ils répondent « pour visiter Paris » !

Gislain, le médecin qui est venu me chercher au Maroc pour me ramener en France, témoigne le mardi 2 février. Cet homme est d'une gentillesse extraordinaire ; je n'ai jamais oublié sa voix, si unique à mon oreille. À la cour, il dit n'avoir fait que son travail. Moi, je sais bien que Gislain m'a sauvée. Depuis six ans j'attendais de pouvoir le remercier, enfin ! Il avoue être très ému de me revoir, surtout lorsqu'il me voit en larmes. Dès qu'il quitte la barre, je sors pour le rejoindre et enfin le serrer dans mes bras. Je ne lui demande même pas si je peux, cela me semble tellement évident ! Je le serre très fort, je le relâche puis je ne peux m'empêcher de le resserrer encore et encore. Nous discutons pendant cinq minutes durant lesquelles je ne cesse de le remercier.

Après cet instant de vive émotion, vient le tour de Catherine, ma kinésithérapeute, qui est devenue comme une seconde maman pour moi. Le docteur Mathieu, mon ostéopathe, témoigne ensuite.

***

Le 3 est le jour des questions pour Jamel. Bien entendu, il tente de passer pour une victime et réussit même à sortir quelques larmes.

Puis c'est au tour de Karine, la troisième victime, de passer à la barre. Pendant que Karine raconte, difficilement, car elle a du mal à trouver ses mots – elle sait à peine lire et écrire –, Céline, sourire aux lèvres, apporte plusieurs documents aux avocats de Leulmi. On y apprend que la défense a engagé un détective qui aurait enquêté sur Karine. Les avocats de Leulmi produisent alors des textos que Karine aurait envoyés à une amie. Elle y avouerait avoir menti en première instance et y reconnaîtrait l'innocence de Jamel. À ce moment, le visage de Karine se décompose et elle fond littéralement en larmes. Elle hurle que ceci est un odieux mensonge, qu'elle n'a jamais envoyé de tels messages. Jamel en profite pour exposer que Karine est une prostituée et qu'elle se drogue. Karine est tétanisée.

Mais le piège se referme sur Céline et la défense, car les captures d'écran ne sont pas vérifiées ; on peut effectivement y lire le nom de Karine, mais son numéro de portable ne s'affiche pas. Jean, notre avocat, fera une manipulation avec son portable pour montrer la méthode qu'a employée cette femme pour piéger Karine. Même nous, nous y avions cru avant que Jean nous dise que c'était un faux et qu'il le démontre !

Karine explique aussi que, trois jours avant l'ouverture du procès, elle a été contactée par une femme qui, en lui faisant miroiter un petit rôle dans *Plus belle la vie*, lui a demandé d'apprendre un texte par cœur. Elle devait dire : « Je vais le tuer et tuer ta fille… » pendant que cette femme la filmait avec son portable. Ces procédés sont écœurants.

Le vendredi 5 février, Yannick passe à la barre. Il raconte de nouveau son histoire, et comment les deux cent mille euros qu'il devait à Jamel Leulmi se sont transformés en six cent dix mille. Yannick ne peut s'empêcher de fondre en larmes : il sait que Jamel n'agit pas seul, il a peur pour celle qu'il aime. Nos avocats expliquent que Leulmi soutient que Yannick, Gaëtan et moi sommes complices. D'après l'accusé, nous avons concocté ce plan afin de lui soutirer de l'argent. Il est choqué, puisqu'on ne se connaît absolument pas ! Pourquoi me serais-je fracturé la nuque et laissée pour morte afin de lui soutirer de l'argent ? *Cela n'a aucun sens !*

Au total, Jamel aurait été le bénéficiaire de treize contrats d'assurance décès – soit plus de douze millions d'euros.

On entend ensuite Gaëtan, le fameux homme dont je suis, d'après Leulmi, la complice dans un plan établi pour lui soutirer de l'argent. *Tout cela n'a ni queue ni tête !*

C'est alors qu'a lieu un intermède comique qui constitua un grand moment de ce procès. Un détective cité par la défense fait son entrée. Au lieu d'apporter son témoignage sur un élément précis, il tente de retracer l'ensemble de l'enquête de son propre point de vue. Mon avocate l'interroge :

— Pouvez-vous nous expliquer comment vous avez mené votre enquête ?

Il explique alors qu'il est mandaté par Céline et qu'il a obtenu des renseignements par l'un des avocats de Jamel.

On appelle cela « violation du secret de l'instruction », non ?

En plus, ce super détective a appelé le conjoint de Karine afin de lui révéler des éléments confidentiels. Il prétend avoir fait son travail et en être très fier. L'avocat général lui demande alors, pince-sans-rire, s'il a trouvé le coupable.

Même les avocats de la défense n'arrivent plus à retenir leurs rires devant le ridicule de ce témoin. Bientôt, ils rient jusqu'aux larmes et sont contraints de quitter la salle d'audience afin de retrouver leur calme.

Dans une semaine, le jugement sera rendu. Jusqu'à présent, j'ai bien tenu le coup.

Je n'ai pas vu venir la nouvelle épreuve qui m'attend.

***

Si j'ai si bien tenu le choc jusqu'à présent, c'est que je ne suis pas seule pour affronter ce second procès : depuis six mois, un homme fait partie de ma vie. Il est doux, attentionné. Nous avons les mêmes goûts, partageons les mêmes passions. Avec lui je me sens bien. Il m'a aidée à remonter la pente, à me débarrasser de mes phobies. Il ne m'appelle plus Julie, mais « ma vie ». Nous projetons de nous marier bientôt. Il parle même de bébé. Ça me semble un peu précipité mais après tout… *Un bébé... pourquoi pas ?*

Ce soir, en revenant du tribunal, je vois bien à son comportement qu'il n'est pas comme d'habitude. De but en blanc, il m'apprend qu'il retourne avec son ex, celle dont il disait qu'elle était « folle » et « infidèle ».

Même si je réalise rapidement qu'il n'était pas celui qu'il prétendait être, je pleure pendant quarante-huit heures. La perspective de devoir tout recommencer à zéro et de reprendre ma vie de mère célibataire m'abat plus que je ne l'aurais imaginé. J'ai l'impression de devoir renoncer au bonheur. *Suis-je née sous une mauvaise étoile ?*

Pour l'heure, il faut faire face. Ce procès m'éreinte considérablement. Nous nous levons à six heures du matin car je dois me rendre à Paris tous les jours. Le soir, hormis trois exceptions, je ne rentre jamais avant vingt-deux ou vingt-trois heures. Quand j'arrive, mes filles dorment déjà. Avant de pouvoir en faire autant, je dois aussi gérer le linge et le ménage. J'ai à peine le temps de faire les courses. Je ne suis pas la seule victime de cet épuisement : mes parents et mes filles en souffrent beaucoup. Ces dernières ont même développé du psoriasis et de l'eczéma.

Nous sommes le 8 février, c'est la journée dédiée aux experts des assurances. Cette journée me semble interminable d'autant que j'ai très peu dormi la nuit précédente. À un moment, gavée de chiffres et de statistiques, je décroche et je m'endors. Heureusement, l'association d'aide aux victimes a mis à ma disposition une pièce pour me reposer, avec un lit ! J'y vais tous les jours m'allonger quelques instants, en particulier quand les douleurs sont trop intenses.

Je réussis à me concentrer pour écouter l'expert qui explique que si Jamel m'avait tuée en Algérie, il n'aurait rien touché, l'Algérie faisant partie des pays exclus des garanties. *Voilà pourquoi il tenait tant à passer par le Maroc !*

Les experts qui suivent sont ceux qui ont effectué l'enquête de personnalité de Jamel. Ils décrivent le même Jamel que celui dépeint lors de la première instance : menteur, pervers narcissique, manipulateur… Un homme qui « utilise la femme comme une nourriture » sexuelle et financière, dira plus tard l'avocat général dans son réquisitoire.

Nous sommes tous épuisés, mais les jurés restent malgré tout très concentrés, ils se montrent très intéressés par le débat, n'hésitent pas à poser des questions. Les avocats de Leulmi perdent pied ; ils n'interrogent même plus tous les témoins. Pourtant, comme en première instance, Céline fournit chaque jour de nouvelles pièces, pour la plupart bidons.

Le 10 février, les avocats de Brigitte, Jean et Elsa, plaident. Jean résume en quelques mots que je ne pourrai jamais oublier l'impression que lui a faite Leulmi : « Je ne sais pas qui vous êtes, Monsieur Leulmi, mais vous nous inspirez un sentiment de terreur. »

D'autres avocats Thierry, Laetitia, Emmanuel… se surpassent également ; ils parlent avec leurs âmes, avec leurs tripes. En première instance, ils étaient très efficaces, mais là, leur humilité et leur professionnalisme sont remarquables. Lorsque vient le tour de Caty de plaider, c'est très émouvant et les larmes coulent.

Elle arrive à lire en moi comme si elle me connaissait depuis toujours. Elle sait combien je me suis sentie salie par les accusations de la défense qui ont tenté une fois de plus de me faire passée pour folle. Alors elle insiste :

— La stratégie de la défense a été de la traiter d'hystérique, de mythomane, de folle, de névrosée, alors que l'expertise psychologique dit qu'elle n'est pas du tout déséquilibrée. Julie est extraordinaire !

L'avocat général requiert la perpétuité.

— Je n'ai pas l'habitude des superlatifs, mais j'ai rarement vu un tel machiavélisme, dit-il au sujet de Leulmi.

Nous espérons sincèrement que cette peine sera prononcée demain.

21

Le verdict

Vendredi 12 février 2016

Nous arrivons le matin à la cour d'assises, où la tension est à son comble. Les journalistes sont là, la salle est bondée. Nous subissons une heure du bla-bla de Leulmi avant de ressortir pour attendre le délibéré. Après un rapide déjeuner partagé avec ma famille et nos avocats, je me rends avec mes parents à la cathédrale Notre-Dame. Nous souhaitons nous recueillir un instant. Puis nous allumons des cierges en priant, une nouvelle fois, pour que les jurés aient bien vu le vrai visage de Leulmi.

Même si nous sommes plutôt confiants, un doute plane toujours.

Un peu avant dix-sept heures, Caty m'appelle :

— Julie, retourne près de la salle : le verdict va être prononcé !

Mon cœur bat la chamade. Les caméras de télévision sont toutes braquées sur moi.

La sonnette retentit pour annoncer l'entrée des jurés dans la salle. Dans les bras de mes parents, j'écoute religieusement les mots du président.

Jamel est reconnu coupable de meurtre sur Kathlyn, coupable de complicité de tentative de meurtre sur Julie Derouette, coupable d'escroquerie et de tentative d'escroquerie à l'assurance. En tout, quatre chefs d'accusation et ce mot « coupable » est une délivrance. Il est coupable, COUPABLE !

Le verdict tombe enfin : trente ans de réclusion, assortis d'une peine de sécurité de dix-huit ans. Je tombe, en larmes, dans les bras de ma mère et dans ceux de Brigitte.

***

En mars 2016, Jamel se pourvoit en cassation. *Pourrai-je, un jour, tourner la page ?*

Je dois attendre un an pour avoir le résultat du pourvoi.

Un an passe et… j'attends toujours. *Il ne s'arrêtera jamais. Jamais.*

Le 29 mars 2017, en début d'après-midi, Caty m'appelle.

— Ça y est, c'est fini ! Son pourvoi en cassation a été rejeté. Il est enfin définitivement condamné, DÉFINITIVEMENT coupable.

Caty m'explique que cette décision est irrévocable. Il n'y aura pas de nouveau procès. Tout est fini.

Je vais enfin pouvoir tourner la page et commencer une nouvelle vie.

Je devrais jubiler. Hurler ma joie à la face du monde. Crier ma haine aux journalistes qui m'ont traquée, salie, méprisée pendant toutes ces années, me traitant de manipulatrice et de menteuse. Mugir de soulagement. Chanter des alléluias.

En vérité, *je suis comme prisonnière.*

22

Douleurs à perpétuité

Alors que Jamel a écopé d'une peine de trente ans de prison, dont dix-huit de sûreté, j'ai pris, moi, perpétuité dans la souffrance.

En effet, l'héritage que Leulmi m'a légué est terrible. Ma vie est devenue un long combat.

Je peine à prendre mes enfants dans mes bras tant mes différentes cicatrices me brûlent au quotidien. Personne ne peut y toucher, pas même mes filles avec leurs petites mains.

Le matin, vertiges, fourmillements et crampes m'empêchent de me lever aussi vite que je le voudrais.

Désormais, je ne peux plus dormir sur le ventre, puisque je ne peux plus tourner la tête à droite en raison de mes vertèbres soudées.

Je ne peux plus non plus dormir dans le noir car cela me rappelle mon agression. Je me réveille souvent en état de choc… J'ai peur de m'endormir, peur de cette nuit qui m'a définitivement marquée.

Et lorsqu'enfin je trouve le sommeil, c'est pour me réveiller à quatre heures du matin. Je ne fais jamais de nuit complète et me réveille six à sept fois à cause de douleurs ou de cauchemars.

Ma circulation sanguine fonctionne très difficilement ; je dois dormir avec deux ou trois couettes pour avoir suffisamment chaud. Tout cela provoque des engourdissements dans mes pieds. À l'heure du coucher, j'ai des douleurs dans le bras droit.

J'enchaîne les occlusions intestinales.

Le contact avec un homme, ou même avec mes enfants, est difficile. Les gens oublient que je suis sensible et ils me font mal sans le vouloir. Et tout ceci n'est pas pour atténuer mes crises d'angoisses.

Dans un restaurant ou un bar, je m'assois toujours face à la porte : j'ai peur de ce que je ne vois pas. Au moindre bruit de provenance inconnue, je sursaute. En voiture comme à la maison, il faut absolument que les portes soient verrouillées. J'ai toujours peur de l'agression.

Je ne peux plus porter quoi que ce soit puisque tout mon côté droit est affaibli. Si je force, cela me provoque des crampes tandis que des tremblements incontrôlables envahissent mon bras. Appuyer ou forcer me déclenche de fortes douleurs dans le dos et dans le cou.

Je souffre d'œdème, de douleurs cinglantes, de paralysie ponctuelle au niveau de la jambe, de fourmillements, d'engourdissements, de faiblesses… Et c'est sans compter sur mon grand besoin de repos qui me ruine la vie un peu plus.

Les sports me sont proscrits car la moindre chute pourrait m'être fatale. Je ne peux plus entraîner ma fille au patinage artistique ou à l'équitation. Je ne peux pas aller dans une piscine si je n'ai pas pied : ma jambe droite se paralyse au contact de l'eau froide, et je risque alors de me noyer.

Je ne me maquille presque plus puisque le syndrome Claude Bernard-Horner touche ma paupière.

Je ne peux plus porter de bagues l'été, car mes doigts gonflent et deviennent bleus. Il m'est impossible de porter des chaussures de plus de six centimètres de talon, ma cheville ne peut supporter mon corps.

Lorsque j'ai voulu me faire tatouer, le type a mis huit heures pour achever un dessin réalisable en deux heures. Soit cinq séances au lieu de deux... À chaque fois que l'aiguille entrait dans ma peau cela déclenchait chez moi des gestes incontrôlables.

J'ai toujours besoin d'une tierce personne pour le ménage et pour les courses.

Je dors sur un matelas médicalisé, que je dois changer tous les ans, pour apaiser mon corps meurtri.

J'ai de gros troubles de la mémoire ; je me rappelle de souvenirs vieux de dix ans, tandis que j'oublie rapidement des choses faites la veille.

Je ne peux plus avoir de rapport sexuel sans souffrir. Mon intimité n'a pas été épargnée...

Je n'arrive plus à faire confiance à un homme, j'ai peur qu'il me mente, qu'il me trompe, qu'il me fasse du mal...

Je suis devenue agoraphobe. Par exemple, dans un parc d'attractions, j'ai peur de la foule, que les personnes me touchent, me frôlent où s'approchent trop près. C'est aussi pour cette raison que je ne sors jamais seule.

Je confie très peu mes enfants.

En réalité, depuis mon agression, j'ai peur de tout. Je suis surprotectrice avec mes filles, je n'avance pas, ne noue pas de nouvelles amitiés. Je ne sors que très rarement…

Je pourrais continuer cette liste à l'infini : impossible d'ouvrir une bouteille ou une boîte de conserve, impossible de m'accroupir, de serrer de la main droite, de lever ou de tourner la tête, de monter plus de cinq marches d'escalier sans m'arrêter. Impossible d'aller chez le coiffeur à cause de l'arthrodèse, de me laver les cheveux la tête en arrière, de me raser les aisselles normalement, de passer l'aspirateur, de faire du repassage, de laver le sol et nettoyer les vitres. Même éplucher et couper fruits et légumes est douloureux.

Bien sûr, aucun médicament ne peut soulager tous ces maux.

Ceux que je prends me coupent l'appétit. Les somnifères ne fonctionnent pas, je ne supporte plus la morphine. Aujourd'hui, je suis victime de migraines atroces que rien ne peut soulager. Alors, je suis obligée de rester quarante-huit heures dans le noir, parfois même d'être hospitalisée.

J'ai des difficultés financières résultant de mon incapacité à trouver du travail : mon obligation de soins réguliers freine les employeurs… En effet, je dois voir ma kinésithérapeute et mon ostéopathe une fois par semaine.

Je survis dans un corps criblé de douleurs, mais qui, ironie du sort, paraît en bonne santé. Je suis reconnue comme handicapée de type 2 (entre 50 et 79 %) par la MDPH et à plus de 33 % par les experts judiciaires, puisque ce ne sont pas les mêmes cotations. Aujourd'hui, je n'ai pas d'autre ressource que ma pension d'invalidité ; je vis avec mille euros par mois. Mais dans un supermarché, lorsque je me dirige vers les caisses réservées aux handicapés, on me dit : « Pardon Mademoiselle, vous êtes handicapée ? »

Alors, je réponds : « Le handicap, c'est comme la connerie, ça ne se voit pas ! »

Le mot de la fin

Comment ai-je pu me trouver embobinée dans une histoire aussi rocambolesque ? Comment ai-je pu me laisser séduire par celui que les journalistes ont surnommé « le Barbe bleue de l'Essonne », « le tueur aux assurances » ?

Écrire ces pages m'a permis de le comprendre et de digérer, aussi, quelques-uns de ces « parpaings » que le président de la cour d'assises en appel s'étonnait que j'aie pu avaler.

En refermant ce livre, c'est à Kathlyn, bien sûr, que je pense. Si ce récit pouvait éviter à d'autres de tomber dans les griffes de pervers manipulateurs, alors, peut-être, tout cela ne sera pas vain… Je suis persuadée que Kathlyn m'a protégée depuis le premier jour… Merci mon Ange, tu reposes en paix depuis que la Justice a condamné ton assassin.

Postface

Vous venez de lire la dernière ligne de ce livre. Vous pouvez donc mesurer à quel point Julie a eu un courage extraordinaire.

Elle n'a pas seulement rendu possible, par deux fois, la condamnation de celui qui l'a utilisée, abusée, presque tuée, martyrisée... Elle a aussi permis de rendre justice à Kathlyn, sa première victime, qui peut désormais reposer en paix, elle a sauvé Karine dont le destin était scellé, elle a empêché que d'autres tombent dans ses filets.

Julie m'a fait confiance pour l'assister dans ce qui fut son chemin de croix...

Nous avons passé de longues années dans ce combat... il y eut des moments de fatigue, de découragement, de saturation, d'irritation, de colère, mais aussi de soulagement, d'espoir, de force.

Au fil du temps, et des épreuves, nous nous sommes mutuellement liées d'estime puis d'amitié l'une pour l'autre.

Et si j'ai usé des armes que me confère la loi tout au long de la procédure, si je l'ai soutenue, portée parfois, c'est elle qui devait avancer, tenir, supporter. Car la bataille qui s'est livrée dans ce dossier n'a pas été seulement judiciaire. Elle a été médiatique, psychologique, faite d'intimidations et de menaces à peine voilées, de dénigrement, de diffamations... Il s'agissait de la déstabiliser et surtout de la discréditer à tout prix.

Julie était une victime, elle est devenue une sorcière, mythomane, érotomane. À elle de résister. À moi, son avocat, de la soutenir, de faire front et de riposter.

Être victime est une chose terrible. D'abord, on souffre dans son corps, dans son âme, dans son cœur. Ensuite, il faut raconter, expliquer, prouver, démontrer, revivre cent et mille fois le crime, l'exposer, et, parfois, l'étaler sur la place publique. Enfin, dans l'enceinte judiciaire, il faut, assis au banc des parties civiles, prendre les coups de la défense qui, si elle est légitime, est parfois aussi tonitruante, provocatrice, agressive et invasive. Pour une Julie qui est restée debout, combien ont renoncé ? Aujourd'hui, son histoire, son livre, ses mots simples mais déterminés sont à la fois une leçon et un encouragement pour tous ceux qui se croient brisés.

Car oui, les victimes ont toute leur place dans les prétoires. Parce que ce sont elles et elles seules qui paient, à jamais, le prix du crime.

Merci, Julie, d'être telle que tu es, à la fois naïve et déterminée, ingérable et aveuglément confiante, toujours entière, tellement spontanée et vraie.

J'écris ces lignes depuis Lourdes, où j'accompagne des jeunes au Frat (rassemblement biennal de 10 000 jeunes catholiques venant d'Île-de-France). J'y ai croisé Julie... Elle ne peut pas assister à toutes les célébrations car son corps est trop douloureux, mais son sourire est solaire : je choisis d'y voir un signe de sa lumière... qu'une telle lumière illumine tous ceux qui ont besoin de Justice.

Caty RICHARD

Remerciements

Chaque personne qui m'a soutenue durant ces années d'épreuves a été importante. Je remercie chacun et, en particulier :

Mes parents, sans qui ce livre ne serait pas, parce que sans eux, je ne serais plus de ce monde aujourd'hui. Merci d'être venus me chercher au Maroc alors que j'étais entre la vie et la mort. Merci aussi d'avoir cru en moi, de m'avoir redonné cette force que j'avais perdue, cette envie de me battre. Merci d'avoir tenu bon, jour et nuit, d'avoir supporté mes humeurs massacrantes à cause de tous ces médicaments. Votre force, votre courage et votre amour m'ont aidée à toujours rester debout. Je dédie la chanson de Kendji Girac, *Les Yeux de la mama*, à ma mère, ce titre te reflète parfaitement bien, ma maman chérie. Et, à mon père, je dédie la chanson de Lynda Lemay, *Le plus fort, c'est mon père*, qui lui convient magnifiquement.
Ma sœur, qui s'est occupée de mes filles pendant quatre mois.
Ceux, parmi ma famille de sang, qui ont été là avant, pendant et surtout après toute cette histoire, mes

oncles, mes tantes, mes cousins et mes cousines : Didier, Alexandra, Louloulte, Alexandre qui a aussi assuré ma protection (avec Serge pour le deuxième verdict) pendant ces deux procès. Vous êtes les rayons de mon soleil.
Ma famille de cœur.
Tous les gens qui me soutiennent depuis ce drame *via* Facebook ou d'autres réseaux sociaux. Merci de votre soutien, car grâce à vous, je me sens bien.
Mes sœurs : Marie-Esther, Eiden Sofia, Sara, Aurore, Malika, sans qui je ne m'en serais pas sortie.
Brigitte, la maman de Katlyn, qui est devenue avec les années une maman de cœur. J'essaie d'être à la hauteur chaque jour pour adoucir son chagrin. Je m'efforce de faire vivre Kathlyn à travers cette relation si particulière nouée avec sa maman. Merci d'avoir été là, Brigitte, car tu as été un soutien essentiel. À ma petite maman de cœur, je dédie la chanson *Un jour* de la comédie musicale *Les Trois Mousquetaires*.
Toute la famille de Kathlyn, ceux que j'ai eu la chance de rencontrer, ceux qui sont venus au procès ou qui ont suivi toute la procédure ; en me montrant cette affection vous m'avez profondément touchée.
Gwladys et Jo, ainsi que leurs magnifiques familles.
Naoudha, Mehnez, ses trois fils et surtout ma mère Dakliha, ma mère tunisienne et le soutien de la famille en Tunisie.
Gislain, mon sauveur, le messie venu de France me chercher à Marrakech et qui s'est occupé de moi comme de son bébé.
Didier, mon papa de cœur, Richard et Aurore, Éric, mon ami d'enfance, Coralie.
Fabienne, ma psy, qui a été bien plus qu'une thérapeute : une amie, un vrai soutien qui m'aide depuis un

moment à essayer de réparer mes cicatrices pour que je puisse me reconstruire.

Les personnes de l'association d'aide aux victimes Mediavipp, dont Maria, la présidente, ainsi que Margo et Valentine qui ont tout mis en œuvre pendant le deuxième procès pour ménager mon état de santé et assurer le bien-être des miens ; grâce à elles j'ai pu affronter ce lourd procès plus sereinement.

Mes adorables voisins qui m'ont aidée à m'occuper de mes filles, Brigitte et Christine, Leloucha et son mari.

Ma meilleure amie Audrey qui a toujours été là ; qui s'est occupé de mes bébés pendant les deux procès et qui a merveilleusement bien assuré son rôle aux côtés de mon adorable belle-sœur Aurélie. Elles les ont chouchoutées comme leurs propres enfants.

Sarah et Sofia, ainsi que Jacqueline et Noël, qui ont beaucoup fait pour les filles et moi. Je n'ai pas de mots pour exprimer ma reconnaissance.

Les amis proches de mes parents, qui les ont soutenus. La chef de mon père qui lui a donné la chance de pouvoir être à mon chevet au Maroc et a demandé de mes nouvelles. Tous leurs collègues, ceux que je connais directement ou indirectement, ceux qui sont venus au procès ou qui ont soutenu mes parents par leurs messages ou leurs appels téléphoniques. Rocky et sa femme, Bebel et sa femme, Antoinette. Je suis si désolée de ne pas me souvenir de tous les prénoms…

Les musiciens avec qui mon père joue.

Les gendarmes et les policiers d'Égly, d'Évry, de Paris, du Sud, tous ceux qui ont travaillé de près ou de loin sur ce lourd dossier et qui ont assuré notre protection. Merci pour votre gentillesse et votre dévouement exemplaire. Je ne peux vous nommer, mais vous vous reconnaîtrez.

Les pompiers d'Évry qui se sont occupés de moi.

Cédrick, mon frère de cœur, le frère que je n'ai jamais eu. Merci pour tout ce que tu as fait pour les filles et pour moi.

Martine, qui m'avait prédit tout ce qui s'est passé depuis ces quatre dernières années. Tu es une vraie amie.
Mes copines du lycée : Céline et Caty.
Émilie. Merci à toi pour ces magnifiques dessins du procès, très beau cadeau.
Pierre Pernez sans qui cet ouvrage n'existerait pas. Vous avez fait de mon écrit, un livre.
Lenny, pour sa collaboration à cet ouvrage.
Frédéric Thibaud, Christian et Sébastien English. Merci de m'avoir fait confiance et suivie dans cette aventure.
Merci à toute l'équipe de City Éditions d'avoir mené à terme cet ouvrage.
Anne Mars, pour son excellent travail de correction du livre.
L'équipe de Gaëtan des Restos du cœur de Breuillet. Merci d'avoir été si gentille avec moi depuis des années.
Merci aussi à l'équipe de Jacky de Brétigny.
Xavier et Nicolas de la troupe Hypnoteam. Nicolas a pu guérir certaines douleurs grâce à l'hypnose : vous êtes tous les deux formidables.
Les jurés des deux procès qui ont su m'écouter et me comprendre. Vous avez réussi à voir le calvaire que j'ai vécu. Merci aux greffiers, aux avocats généraux et aux présidents des deux cours d'assises, d'Évry et de Paris, merci aux juges assesseurs.
Tous les témoins qui ont parlé avec courage – je pense en particulier à ceux qui étaient là, par hasard, le soir du meurtre de Kathlyn.
Amandine, la directrice de l'école primaire de ma petite, qui a pris très au sérieux le « cas » de mon enfant afin qu'elle ne soit pas embêtée par les médias.
L'équipe du collège de ma grande qui l'a protégée.
Les juges d'instruction qui se sont démenés sept longues années durant avec toute leur équipe : des secrétaires aux juges, vous avez tous été formidable.
Ma Fatma si gentille et adorable, celle qui est aussi ma sœur de cœur, mon modèle, sans qui ces deux procès

n'auraient pas été pareils. Merci ma Fatma, ma *Boussa Boussa*.
Les cabinets de Jean, Elsa, Laetitia et Thierry, les formidables avocats des autres parties civiles. Ils se sont battus comme des gladiateurs et nous avons gagné. On ne change pas une équipe qui gagne.
Ma Caty, ma fabuleuse Caty, bien plus qu'une avocate, presque une maman, tellement exceptionnelle, la seule sur le podium, merci ma Caty, je vous aime fort ! C'est une avocate à tout épreuve, qui s'est emparée de l'affaire et a mis toute sa fougue à me défendre. Elle a rendu son honneur à ma famille, m'a permis de construire un avenir. Je lui serai toujours reconnaissante.
Ses adorables parents et ses merveilleux enfants.
Les membres de son cabinet. Emmanuel, qui connaît le dossier comme personne et qui, c'est sûr, va devenir un ténor du barreau. Lui et Jean sont les deux plus grands avocats des cent prochaines années !
Toutes les personnes du Maroc : les chirurgiens ; l'assistante sociale ; Fatiha et son mari, Habdella, en espérant que leur petite Zaïra a guéri de son opération du cœur ; les dames du consulat ; les aides-soignantes.
Les docteurs Passeron, Lenoir, Marchac, Moussa, Allali, Aouin, Dreyfus, Mathieu, Pavot, David Halimi.
Les aides-soignantes de tous les hôpitaux où j'ai séjourné : Arpajon, Beaujon, Georges-Pompidou.
Mes deux adorables infirmières, Patricia et Véronique.
Patrick, le prédicateur de Vie et Lumière. Merci de m'avoir aidée à ne pas perdre la foi et à rester dans le chemin du Seigneur. Si tu es arrivé dans ma vie, ce n'est sûrement pas par hasard…
Ma voisine adorée Lydie et ses trois enfants qui sont ma famille de cœur.
Mes deux super journalistes : Elena et Farah, devenues aujourd'hui des amies.
Annie et René, ma nièce Ambre et ma belle-sœur Aurélie.

Brigitte, Catherine.

Marcial et Martine, Grégory, Jenny, Cindy, Coralie, Laurent, Laurence, Marc, Romain, Fatou, Kévin, Charlotte, Martine, Saloua, Herdal et sa femme, Caro, Mademoiselle Oudlo, Isabelle, Françoise, Sylvain, Mark.

Giles D.

Mon ami David et sa maman Martine qui seront gravés dans mon cœur à jamais.

Mes anges : Mamie, Papy, Pépé, Patrick, Papou Tintin, ma Poupa ainsi que toutes les personnes qui sont au paradis et qui me protègent depuis tant d'années. Ainsi que Zora et Mémé, parties pendant la procédure.

Patou et Mamou.

Mes deux filles. Sachez que vous êtes ma lumière, ma seule et unique raison de vivre. Je vous dédie la chanson de Daniel Balavoine *Mon fils, ma bataille*, que je retranscris en *Mes filles, ma bataille*… C'est notre chanson à toutes les trois, celle qui nous réunit.

À Kathlyn, merci de m'avoir choisie pour te venger, nous ne formons qu'un. Tu vis en moi pour toujours. J'espère que tu reposes en paix et que tu es fière de nous. Merci d'avoir été là... et de nous avoir donné ta force.

Moi, j'ai survécu...

MARIE-PAULE MCINNIS

Dès l'enfance, la vie de Marie-Paule n'est qu'une suite de tragédies : la mort et la maladie frappent sans pitié son entourage. Malgré tout, confiante en la vie, elle se marie... C'est le début d'un cauchemar qui va durer des années. L'homme qui est censé l'aimer et la protéger n'a de cesse de la maltraiter et de la menacer. Marie-Paule mettra des années à prendre, enfin, la décision de le quitter. Elle pense être libérée de son emprise, mais le pire est à venir. Fou de rage, il assassine leurs deux petits garçons. Après des années de deuil et de combat, Marie-Paule raconte avec franchise et lucidité le cycle toxique de la violence conjugale. Elle explique aussi comment elle a trouvé la force de se reconstruire en mettant sa vie au service des autres. Et en incitant surtout les victimes à ne jamais garder le silence !

Le témoignage d'une mère
dans l'enfer de la violence conjugale.

Dites-moi d'où je viens

PHILIPPE SARRAN

Philippe apprend à l'âge de six ans qu'il est « né sous X » et a été adopté. Même s'il est très heureux dans sa famille adoptive, il n'a qu'une idée en tête : connaître cette mère qui l'a abandonné comme un moins que rien et l'a donné aux services sociaux un matin d'avril 1967. La quête de ses origines devient obsessionnelle et, après une adolescence difficile, il va y consacrer près de dix ans. Un véritable parcours du combattant face à une administration française méprisante, qui n'a aucune compassion pour les enfants adoptés et ne leur reconnaît aucun droit. Philippe raconte ce douloureux travail d'enquête qui lui permettra finalement de retrouver la trace de sa mère biologique. Il va surtout découvrir quelque chose qui va l'apaiser et le réconcilier avec son histoire : les liens du cœur sont plus essentiels que les liens du sang.

Le témoignage courageux et émouvant d'un enfant face au mur de l'adoption.

Achevé d'imprimer en mai 2018
sur les presses de la Nouvelle Imprimerie Laballery
58500 Clamecy
Dépôt légal : mai 2018
N° d'impression : 805169

Imprimé en France

La **N**ouvelle **I**mprimerie **L**aballery est titulaire de la marque Imprim'Vert®